W0062793

Das Buch

Spätestens die PISA-Studie hat es an den Tag gebracht: Deutschlands Jugend bewegt sich in puncto Bildung im internationalen Vergleich auf mäßigem Niveau. Unternehmer sind um den Nachwuchs besorgt, weil Schul- und Universitätsabgänger den sich rasant wandelnden beruflichen Anforderungen immer weniger gewachsen sind; Lehrer werfen den Eltern Erziehungsverweigerung vor; Politiker beobachten einen Werteverfall – nicht selten liefern sie selbst die treffendsten Beispiele dafür. Nahezu im gesamten, für die Gestaltung unserer Zukunft so wichtigen Bildungs- und Ausbildungsbereich herrscht der Notstand. Einhellig erschallt der Ruf nach einer »Bildungsoffensive« und entsprechenden Geldern und Maßnahmen. Auf der Grundlage eigener Lebens- und Berufserfahrungen – als Vater, Großvater, Lehrer, Verkäufer, Manager und Berater – unternimmt Daniel Goeudevert eine Bildungsreise, die bei der Erziehung beginnt, sich über die klassischen Bildungs- und Ausbildungswege erstreckt und in einem Bildungsmanifest mit konkreten Vorschlägen mündet. Für Schule, Universität, Berufsausbildung und Weiterbildung schlägt er weitgehende Maßnahmen vor, die als Ensemble das gesamte Bildungswesen erneuern und dadurch gewährleisten könnten, dass wir und nachfolgende Generationen den Herausforderungen der Zukunft gewachsen sein werden.

Der Autor

Daniel Goeudevert, geboren 1942 in Reims, galt als Paradiesvogel unter den Topmanagern. Er studierte Literaturwissenschaft an der Pariser Sorbonne, bevor er eine märchenhafte Karriere machte: Er avancierte vom Autoverkäufer zum Generaldirektor von Citroën Schweiz und war danach Vorstandsvorsitzender bei Citroën Deutschland, Renault Deutschland und den deutschen Ford-Werken, bevor er Mitglied des VW-Konzernvorstandes wurde. Nach seinem Ausscheiden aus dem Management widmete er sich dem Aufbau einer europäischen Managerschule in Dortmund. Er war Vizepräsident von Green Cross International und ist heute unter anderem Berater des Generaldirektors der UNESCO. Viele seiner Bücher eroberten die Bestsellerlisten.

Daniel Goeudevert

Der Horizont hat Flügel

Die Zukunft der Bildung

Ullstein

Umwelthinweis
Dieses Buch wurde auf chlor- und säurefreiem Papier gedruckt.

Ullstein Taschenbuchverlag
Der Ullstein Taschenbuchverlag ist ein Unternehmen
der Econ Ullstein List Verlag GmbH & Co. KG, München
1. Auflage September 2002
© 2001 by Econ Ullstein List Verlag GmbH & Co. KG, München/Econ Verlag
Lektorat: Rüdiger Dammann
Umschlaggestaltung: Thomas Jarzina, Köln
Titelabbildung: Peter Schnizler
Druck und Bindearbeiten: Elsnerdruck, Berlin
Printed in Germany
ISBN 3-548-75086-9

Ausbildung ohne Bildung
führt zu
Wissen ohne Gewissen.

Inhalt

Vorwort zur Taschenbuchausgabe

Knapp ein Jahr, nachdem die Erstausgabe dieses Buches erschienen war, grassierte in Deutschland ein hoch ansteckender Virus, der sich schnell zu einer Epidemie ausweitete, von der kaum jemand verschont blieb. Und obwohl der Erreger der Seuche nicht wirklich ausfindig gemacht werden konnte, überschlugen sich Fachleute, Politiker und zahllose Besorgte, die ohne Zweifel allesamt selbst infiziert waren, in Zeitungen, Zeitschriften, Talkshows und auf hektisch anberaumten Konferenzen wochenlang mit allen nur erdenklichen Therapievorschlägen. Schnelle Heilung war gefordert, bestmögliche Maßnahmen sollten die Krankheit besiegen und einen neuerlichen Ausbruch in Zukunft unmöglich machen.

Doch ebenso unvermittelt, wie die Epidemie ausgebrochen war, verschwand sie einige Monate später wieder, lange bevor die rhetorisch-aufgeregte Therapie- beziehungsweise Reformwut auch nur in Ansätzen in die Praxis umgesetzt worden wäre. Gleichwohl wollte sich nicht recht Erleichterung einstellen, denn dieses Verschwinden, das ahnten wohl alle, war keiner spontanen Selbstheilung zu danken, es ähnelte eher dem Unsichtbarwerden eines gesehenen Gegenstandes, sobald man die Augen schließt. Das heißt, die Seuche wurde lediglich aus dem Zentrum öffentlicher Wahrnehmung geschoben, sie geriet wieder aus der Mitte des Blickfeldes und wird jetzt allenfalls noch mit besorgten Seitenblicken betrachtet. Denn in Wahrheit grassiert sie mit unverminderter Kraft weiter, und jeder, der die Ursachen, Symptome und Folgen der Krankheit wahrzunehmen bereit ist, weiß das.

Wovon hier die Rede ist und was das mit dem vorliegenden Buch zu tun hat? Nun, die »Seuche« hatte einen Namen. Er lautet PISA, *Programme for International Student Assessment*. Dieses Programm, eine internationale Vergleichsuntersuchung zur Erfassung basaler Kenntnisse und Fähigkeiten von Schülerinnen und Schülern gegen Ende der Pflichtschulzeit, ist jedoch selbstverständlich nicht mit der Krankheit identisch; es ist keineswegs selbst die Krankheit, sondern hat sie lediglich diagnostiziert und dadurch ein längeres Siechtum kurzfristig, sozusagen epidemisch, öffentlich zu Bewusstsein gebracht. Was war geschehen?

Im Auftrag der Organisation für wirtschaftliche Zusammenarbeit und Entwicklung (OECD) hatte in 32 Ländern eine international standardisierte Erhebung stattgefunden, um die »Lesekompetenz« sowie die »mathematische und naturwissenschaftliche Grundbildung« von 15-jährigen Schülerinnen und Schülern zu ermitteln. Dies erfolgte dezidiert nicht mit dem Ziel, etwa ein internationales Kerncurriculum oder einen verbindlichen Wissenskanon zu entwickeln, sondern um den Regierungen Empfehlungen zu geben, wie der jeweilige Bildungsstand ihrer Bevölkerungen zu verbessern sei. Das Verfahren war so ausgereift, dass man in der Tat sagen kann, dass hierbei keineswegs die Jugendlichen an sich getestet wurden, sondern das Niveau und die Qualität von Bildung. So ging es ganz generell – auch bei den 50 000 Schülern von knapp 1500 Schulen, die in Deutschland an den Tests teilnahmen – nicht um Wissen und die Beherrschung des Schulstoffs. Nein, nicht die Allgemeinbildung und das abrufbare Kenntnisrepertoire der Schüler sollten vermessen werden, sondern – um ein großes Wort zu verwenden – ihre »Lebenskompetenzen« oder, in der Sprache der Bildungsforscher, ihre »kulturelle Literalität«. Gefragt waren Kreativität, Selbständigkeit, Kommunikations- und Problemlösungsfähigkeiten – ein, wie ich finde, vorbildlicher Ansatz.

In puncto »Lesekompetenz« beispielsweise ging es nicht darum, zu überprüfen, ob, wie schnell, wie sicher und wie flüssig jemand lesen kann, sondern wie mit dem Gelesenen umgegangen wird. Es sollte also die Fähigkeit erfasst werden, geschriebene Texte unterschiedlicher Art – von Gedichten bis zu Formularen oder Fahrplänen – in ihren Aussagen, ihren Absichten und ihrer Struktur zu verstehen, sie in einen Sinnzusammenhang einzuordnen, sie zu nutzen und über sie zu reflektieren, um eigene Ziele zu erreichen, das eigene Wissen zu erweitern und am gesellschaftlichen Leben teilzunehmen. Hierzu wurden verschiedene Verfahren angewandt, für die die reine Technik des Lesens lediglich eine – allerdings erschreckend oft mangelhaft ausgebildete – Voraussetzung war.

Da die Grundlagen, die Methoden und die Ergebnisse

der PISA-Studie ausführlich dokumentiert sind, möchte ich hier auf die Details nicht näher eingehen. Das geschieht ohnehin auf den folgenden Seiten, wenngleich mittelbar, da die wesentlichen Einzelbefunde der differenzierten Vergleichsuntersuchung mit meinen Beobachtungen und Einschätzungen, wie ich sie in diesem Buch entfaltet habe, übereinstimmen. Ich schreibe das übrigens mit Bedauern und ohne jeden Anflug von Stolz: Wie gern hätte ich das eine oder andere negative Urteil über die real existierende Bildung auf der Basis neuer wissenschaftlicher Erkenntnisse revidiert, mich eines Besseren belehren und mir Schwarzmalerei vorwerfen lassen. Stattdessen sehe ich nun leider bestätigt, dass das, was einmal Bildung genannt wurde, auf den Hund gekommen ist. Ja, der nun durch PISA gewährte Anblick lässt den Zustand des lange hoch gerühmten deutschen Bildungswesens in mancher Hinsicht sogar noch trister erscheinen, als ich ihn beschrieben habe. So gaben, um doch eine Einzelheit zu nennen, mehr als 40 Prozent der deutschen 15-jährigen an, niemals freiwillig, aus Vergnügen oder Interesse, zu lesen: mehr als 40 Prozent Nichtleser im »Land der Dichter und Denker« also – ein Anteil, der in keinem der anderen 31 untersuchten Länder übertroffen wurde und der für die Zukunft nichts Gutes verheißt. Wer selbst nicht liest, wird auch niemand anderen dazu anhalten – auch die eigenen Kinder nicht.

Dennoch erscheint mir der Schock, den PISA hierzulande ausgelöst hat, ein wenig wohlfeil und geborgt, kommen mir viele Reaktionen leicht hysterisch vor. Denn die von den Bildungsforschern nun mit wissenschaftlicher Autorität ermittelten Mängel sind weder neu, noch waren sie unbekannt. Seit Jahren schon wird der Zustand des deutschen Bildungssystems in den unterschiedlichsten Tonlagen beklagt – von Seiten der Lernenden wie der Lehrenden, von Seiten der Eltern und auch aus Sicht der Wirtschaft –, gibt es Mahnungen, Analysen, Forderungen, ohne dass sich der wachsende Chor der Kritiker bislang erkennbar Gehör verschaffen konnte. Das erweckt den Verdacht, als speiste sich die durch PISA ausgelöste Betroffenheit in erster Linie aus dem wenig schmeichelhaften »Ranking«: Die Aufregung, so mein Eindruck, entzündete sich zwar auch, aber nicht so sehr an der mangelhaften Qualität von Bildung als vielmehr an der Tatsache, dass das deutsche Bildungsniveau im internationalen Vergleich im unteren Drittel rangiert (Platz 21!) – weit hinter den etwa in Finnland, Südkorea, Neuseeland, Irland oder Österreich gemessenen Leistungen. Der Ansehensverlust scheint kränkender zu sein als der Substanzverlust bedrohlich. Hätten nur einige weitere Länder schlechter abgeschnitten als Deutschland, wären die katastrophalen Ergebnisse möglicherweise wieder nur von den Fachleuten zur Kenntnis genommen und ohne nennenswerte Konsequenzen im inneren Expertenkreis debattiert worden.

Insofern bin ich froh über das schlechte Abschneiden der deutschen Schüler. Und ich freue mich, falls ich das betonen muss, nicht als Franzose und weil die französische Bildung im Vergleich besser dasteht, sondern für Deutschland. Denn der Schock könnte sich als heilsam erweisen, sofern die Karawane, trotz bellender Hunde, nicht einfach weiterzieht. Wir dürfen nun, nachdem die erste Empörung gewichen und die Kränkung halbwegs verdaut ist, nicht einfach zur Tagesordnung übergehen und alles Weitere sozusagen den »zuständigen« Gremien überlassen. Denn das zumindest zweitgrößte Verdienst der PISA-Studie ist der überzeugende Nachweis, dass es mit Einzelmaßnahmen – mehr Geld, mehr Lehrer, mehr Ganztagsschulen, frühere Einschulung oder Ähnlichem – nicht getan ist, sondern dass das gesamte Bildungssystem in all seinen Institutionen – von der Familie über Kindergärten und Schulen bis hin zur Hochschul-, Berufs- und Weiterbildung – reformiert und harmonisiert werden muss, und zwar möglichst »aus einem Guss«. Die PISA-Ergebnisse belegen nämlich eindrücklich, dass das Niveau und die Qualität von Bildung nicht von einzelnen Faktoren abhängt: nicht vom Schultyp, nicht von Lernart und -dauer, nicht von Bildungsetats und Prüfungsformen, nicht einmal von den sozialen Verhältnissen, auch nicht davon, ob die Bildung staatlich oder privat, zentral oder dezentral organisiert wird. Das alles spielt eine Rolle und das Eine mag besser sein als das Andere; aber die Tauglichkeit jeder einzelnen Maßnahme wird sich letztlich erst dann erweisen, wenn sie sich in einen sinnvollen Zusammenhang fügt, wenn es gelingt, über die Grenzen der verschiedenen Bildungsinstitute hinaus eine Kultur des Lernens zu etablieren, für deren Ausgestaltung wir alle verantwortlich sind. Dies überzeugend transparent gemacht zu haben, halte ich, wie gesagt, für das zweitgrößte Verdienst der Untersuchung.

Das größte Verdienst allerdings gebührt den PISA-Forschern meines Erachtens für den von ihnen wieder gesellschaftsfähig gemachten und, wie auch ich zu zeigen versuche, allein angemessenen Bildungsbegriff. Bildung ist nicht auf Lernen, Belehren und Wissen zu reduzieren, sondern ist ein aktiver, komplexer und unabschließbarer Prozess, in dessen glückenden Verlauf eine selbständige und selbsttätige, problemlösungsfähige und lebenstüchtige Persönlichkeit entstehen kann. Diese Person mag dann vielleicht auch jede Frage im Wissens-Quiz »Wer wird Millionär?« beantworten können – allerdings wird sie dadurch eben nicht ihre Bildung unter Beweis gestellt haben, sondern allenfalls ein respektables Speichervermögen für abrufbare Dateneinheiten.

Bildung ist etwas anderes und ist mehr als Wissen. Und je stärker dies wieder ins Bewusstsein dringt, umso eher und umso besser werden wir die offen vor uns liegenden Probleme in den Griff bekommen – nicht zuletzt, weil uns diese Erkenntnis zu einem anderen Blick auf die vorhandenen »Bildungsorte« zwingt. Bildung lässt sich nicht ausschließlich technokratisch organisieren; sie lässt sich weder verordnen noch kaufen noch »vermitteln«, sondern kann sich nur ereignen, wenn und wo die Bedingungen für solch ein »Ereignis« günstig sind. Wie ich mir dieses Umfeld, wie ich mir eine in diesem Sinne förderliche Lernkultur vorstelle und wünsche, die wir gemeinsam schaffen müssen, um die Bildung wieder in jenen Rang zu setzen, den sie bei der Bewältigung unserer Zukunft einnehmen wird, ist auf den folgenden Seiten nachzulesen – und zur Diskussion gestellt.

Daniel Goeudevert
Mai 2002

Vorwort

Es ist besser, eine Kerze anzuzünden,
als auf die Dunkelheit zu schimpfen.

KONFUZIUS

Als ich mein letztes Buch beendet und meinen Text seinem Schicksal übergeben hatte, war ich entschlossen, den Anzug eines Autors, der mir ohnehin nicht recht gepasst hatte – an den Schultern zu eng, die Ärmel zu lang –, endgültig abzulegen. Wieder einmal würde ein neuer Lebensabschnitt beginnen, so dachte ich. Meine kurze Karriere als Buchautor würde Episode bleiben. Denn schließlich hatte ich nun alles gesagt und aufgeschrieben, wovon ich glaubte, dass ich es einmal sagen und aufschreiben sollte: Ich habe über meine Erfahrungen in der Wirtschaft berichtet, über den Autismus in den Vorstandsetagen, die Welt- und Menschenfremdheit im Management, über sich verselbständigende Strukturen, in denen der Mensch am Ende nur mehr als Störfaktor vorkommt und deshalb immer stärker an den Rand gedrängt wird, obwohl er doch ins Zentrum gehört. Ich habe versucht zu beschreiben, wie diese Fehlentwicklungen, im Verbund mit der Globalisierung, in einem Furor münden, in einer seelenlosen Beschleunigung der wirtschaftlichen und gesellschaftlichen Veränderungsprozesse, denen jedes menschliche Maß abhanden zu kommen droht. Und ich habe kritisiert, dass sich die Gesellschaft, inklusive der Politiker, wie ein Kollektiv von Zauberlehrlingen von der selbst in Gang gesetzten und gehaltenen Entwicklung überwältigen lässt und ohne nennenswerten Widerstand immer mehr zur bloßen Ressource, zum Appendix der Wirtschaft verkommt – einer Wirtschaft, die zunehmend von allen Bindungen und Bändigungen »befreit« und von allen guten Geistern verlassen scheint.

Nun ist, seit ich diesen »Sorgen« Ausdruck gegeben habe, leider nichts geschehen, was mich zu einer Neubewertung, zu einer Abmilderung meiner Kritik veranlassen könnte. Im Gegenteil. Inzwischen haben wir sogar die Rinder in den Wahnsinn getrieben, weil wir in unserem Geschwindigkeitsrausch ausgerechnet dasjenige zu nutzen vergessen, was uns als Menschen eigentlich auszeichnen sollte: das Denken. Der Obskurantismus in unseren aufgeklärten, ach so rationalen Zeiten wird in Wahrheit immer schlimmer. Da wir die Folgen des eigenen Handelns nicht mehr abschätzen – solche Denkpausen würden ja unsere Aktionen verlangsamen –, verlieren wir am Ende jede Orientierung: Sowenig wie der Bauer noch weiß, um nur beim Beispiel BSE zu bleiben, was er an seine Tiere verfüttert, sowenig weiß der Verbraucher, was er da wirklich zu sich nimmt, wenn er etwa in eine Wurst beißt. Kurzum, wir scheinen immer weniger zu wissen, wissen zu wollen, was wir tun.

Ich notiere das hier nicht deshalb, weil ich eigene Ängste bannen oder gar weil ich Schrecken verbreiten wollte. Nein, als leidendes Opfer wie als grimmiger Apokalyptiker gebe ich keine gute Figur ab. Ich bin und bleibe wohl eher ein aktiver Pessimist: Wenn der Stein der Weisen ins Tal gerollt ist – die Leser meiner vorherigen Bücher wissen schon, was jetzt unweigerlich kommt –, dann muss man ihn eben wieder auf den Gipfel wälzen. Immer und immer wieder. Insofern habe ich schon in meinem letzten Buch der von mir beschriebenen Wirklichkeit meine Träume und Visionen entgegengesetzt sowie andere Träumer und Visionäre vorgestellt, deren Beispiel zeigen kann, wie ein Umdenken und ein konkretes Umlenken durchaus möglich, ja dass sie logisch zwangsläufig sind, sofern man den Mut aufbringt, stehen zu bleiben, die Augen zu öffnen und nachzudenken. Hier und heute.

Doch Zuversicht ist anstrengend, Pessimismus ist bequemer. So mag es viele geben, die mir Naivität und Blauäugigkeit attestieren, die mich vielleicht sogar für anmaßend halten: »Sitzt da im sonnigen Frankreich und singt beschwörend ›Alles wird gut‹.« Aber genau das habe ich durchaus nicht gesungen. Ich kann überhaupt nicht singen. Und dass alles gut wird, halte ich keineswegs für ausgemacht, wahrscheinlicher ist das Gegenteil. Wer aber nicht einmal mehr will, dass alles gut wird, dem ist nicht mehr zu helfen – und der ist auch keine Hilfe mehr.

Ich möchte Veränderungen. Und ich bin nach wie vor davon überzeugt, dass wir die vielfältigen Probleme unserer Gegenwart nur zu lösen imstande sind, wenn wir – erstens – eine klare Vorstellung von dem entwickeln, was es zu verändern gilt, wie die Gesellschaft aussehen soll, in der wir leben und die wir unseren Kindern übergeben wollen, und wenn wir – zweitens – damit beginnen, die Wirklichkeit nach ebendieser Vorstellung zu formen, anstatt immer nur über sie zu jammern. Deshalb habe ich in meinem letzten Buch zu zeigen versucht, nicht nur dass es nötig, sondern wie es möglich wäre, die Ordnung der Dinge im Kleinen wie im Großen wieder in die eigenen Hände zu nehmen. Ob und wie mir das gelungen ist, müssen andere beurteilen. Ich jedenfalls wollte es damit, wie erwähnt, in schriftstellerischer Hinsicht bewenden lassen.

Wenn ich den ungeliebten Autorenanzug nun doch wieder aus dem Schrank geholt habe, um mich erneut als Sisyphos zu betätigen, so heißt dies keineswegs, dass ich nichts anderes zu tun wüsste; es dient auch weder dem Broterwerb noch der Befriedigung meiner Geltungssucht. Nein, ich glaube vielmehr erkannt zu haben, dass wir den ja auch von mir seit geraumer Zeit gesuchten »Schlüssel« für unsere Zukunft schon immer in der Hand halten, ohne uns dessen bewusst zu sein. Und dieser »Schlüssel« ist es wert, genauer betrachtet zu werden. Denn er ist eine Art Zentralschlüssel, ein universaler Türöffner.

In vielen Gesprächen nach Veranstaltungen und Lesungen ist mir klar geworden, dass all die Eigenschaften und Fähigkeiten, die ich in meinem letzten Buch als wieder zu entdeckende oder zu stärkende vorgestellt habe und die in meinen Augen unerlässlich sind, wollen wir die Realität nach unseren Vorstellungen und Visionen – nach unseren Träumen – gestalten, eine gemeinsame Kraftquelle haben. Umgekehrt lassen sich auch viele Probleme, die wir beobachten, beklagen und am eigenen Leibe erfahren, darauf zurückführen, dass diese

Quelle offenbar erschöpft ist und auszutrocknen droht. Und zwar deshalb, weil wir unachtsam und fahrlässig mit ihr umgegangen sind.

Dieser gemeinsame Ursprung sowohl der diagnostizierten Krankheit wie auch der notwendigen Kräfte zur Heilung dieser Krankheit liegt in der *Bildung*! Bildung ist die Kraftquelle, aus der Zivilität und all die Werte gespeist werden, die das Leben des Einzelnen wie der Gesellschaft als Ganzes erst lebenswert machen und lebenswert erhalten. Der Mensch kann überhaupt nur Mensch werden durch die Bildung. »Er ist nichts, als was die Erziehung aus ihm macht.« (Immanuel Kant) Bildung ist also der Zentralschlüssel.

Im Grunde wissen wir das auch alle oder ahnen es zumindest. Nicht umsonst ist in der letzten Zeit wieder ganz verstärkt – zumeist elegisch – von der Bildung die Rede, wird um die »richtige« Bildung gerungen. Und in nahezu jedem Regierungsprogramm der zur Zeit amtierenden Staatslenker – ob sie Blair, Schröder, Jospin oder Bush heißen – steht die Bildung ganz oben auf der Politik-Agenda. Dabei wird zunächst einmal ein offenbar schwer zu benennendes, weil multiples Defizit beklagt: Internationale Vergleichsstudien und Hochschulvertreter stellen der deutschen Jugend in puncto Allgemeinbildung ein schlechtes Zeugnis aus; Germanistenverbände und Personalberater zeigen sich über eine zunehmende Rechtschreibschwäche alarmiert; Lehrer und Schulvertreter werfen den Eltern Erziehungsverweigerung vor, und diese jenen dasselbe; Politiker wollen einen allgemeinen Werteverfall beobachten – und liefern nicht selten die konkretesten Belege durch eigenes Handeln gleich mit; Unternehmer und Berufsverbände sind um den Arbeitskräftenachwuchs besorgt, weil Schul- und Universitätsabgänger den sich rasant wandelnden beruflichen Anforderungen immer weniger gewachsen seien – in einigen, insbesondere den hoch spezialisierten Sparten der Zukunftsbranchen herrsche schon heute akuter Mangel, der nur durch gezieltes Anwerben ausländischer Fachkräfte auszugleichen sei. Kurz, nahezu im gesamten Bildungs- und Ausbildungsbereich herrscht, den verschiedenen Diagnostikern zufolge, geradezu eine Art Notstand.

Bei der Vielstimmigkeit der Klage kann einem schnell der Kopf schwirren. Wo liegt nun eigentlich was im Argen? Wo kann man ansetzen, welche konkreten Maßnahmen lassen sich ergreifen? Das Problem scheint so umfassend, dass sich schnell Ratlosigkeit breit macht, die man natürlich gern kaschiert, indem man Verantwortlichkeiten hin und her schiebt: Zuerst müsse die Politik geeignete Rahmenbedingungen schaffen! (Aber haben wir nicht schon viel zu vieles »eingerahmt«?) Die Familien müssten wieder stärker in die Pflicht genommen werden! (Aber wer soll hier wen wozu verpflichten?) Die Schulen müssen modernisiert werden (aber wer damit Vernetzung meint, modernisiert lediglich die Ausstattung der Schulen), sie haben die Schüler schließlich auf die Welt vorzubereiten! (Aber auf welche Welt? Wie sie ist? Wie sie sein wird? Oder wie sie werden soll?)

Ich könnte nun noch zahlreiche weitere Forderungen aneinander reihen, die allesamt berechtigt sein mögen, die aber appellatorisch bleiben, solange man sie lediglich gegeneinander ausspielt – und das geschieht zumeist –, ohne sie in ein Gesamtkonzept zu betten. Und ein solches Gesamtkonzept lässt sich nur mit Inhalt grundieren, es muss den Weg vorgeben und das Ziel definieren, das am Ende eines glückenden Bildungsprozesses erreicht werden soll.

Keine leichte Aufgabe! Zwar besteht weitgehende Einhelligkeit darüber – vom Bundespräsidenten über Regierung und Opposition bis hin zu Unternehmern, Eltern und Lehrern –, dass »Wissen Zukunft schafft« und dass wir wegen der steigenden Anforderungen an die Qualität von Bildung unser gesamtes Bildungswesen zu reformieren haben. Aber wo und wie beginnen? Wie soll das Ensemble aus Wissen, Kompetenzen, Geisteshaltungen und Verhaltensweisen aussehen, das die nachfolgenden Generationen nicht nur realitätstüchtig bleiben lässt, sondern das sie instand setzt, die Herausforderungen des 21. Jahrhunderts bewältigen zu können? Die Aufgabe scheint so groß, und der Teufel steckt, wie so oft, im Detail.

Das darf uns aber nicht paralysieren. Jeder kennt doch die Schwierigkeiten erzieherischer Zielbestimmung auch aus eigener Erfahrung, weiß also auch, dass sie manchmal, in glücklichen Momenten, durchaus zu überwinden sind. Ich bin Vater und Großvater, ich war Lehrer und Manager, und ich bin ein – bislang gescheiterter – Akademiegründer: In allen diesen Eigenschaften und Tätigkeiten bin ich immer wieder in ganz unterschiedlicher Weise mit der Bildungsfrage konfrontiert gewesen. Das ist zwar meistens wenig angenehm, weil sich eben keine einfachen, klaren Antworten finden, keine eindeutigen Vorgaben definieren lassen, aber ungeheuer wichtig, weil man sich dabei über sein eigenes Handeln, über seine Ziele und Vorstellungen klar werden kann – und weil man gezwungen ist, bewusst abzuwägen und einen Sachverhalt oder eine Situation aus unterschiedlichen Perspektiven zu betrachten. Das allein bildet schon.

Ein Beispiel: Natürlich war ich auf dem Weg zu meiner von vielen als beneidenswert betrachteten Karriere des öfteren im Zwiespalt. Der Erfolg im Beruf hatte den hohen Preis, dass ich meiner Rolle als Vater und Ehemann – so wie ich sie verstand – nicht gerecht werden konnte. Ich hatte das diffuse Gefühl – nicht von Anfang an, sondern als meine Kinder so zwischen zehn und fünfzehn waren –, kein guter Vater zu sein. Man kann sich herausreden und sagen, was die Kinder vor allem brauchen, ist Liebe. Und geliebt habe ich sie immer und liebe sie noch. Aber das genügt nicht. Liebe ist ein Talent, eine Fähigkeit, eine Kunst. Und wie zu jeder Könnerschaft muss man sich darin ausbilden: Auch zu lieben und seine Gefühle auszudrücken will gelernt sein. Was nützte es, alles über die Liebe, über Emotionalität, Erotik, Sexualität zu wissen, ohne selbst zu lieben? Und was haben Kinder und was lernen sie von einer erklärten und auch empfundenen Liebe, die aber sozusagen nicht praktisch wird, die nicht mit Aufmerksamkeit, Zuneigung und Anwesenheit ausgefüllt ist? Erfahren sie die Liebe auf diese Weise nicht bloß als Poesiealbum-Romantik, als ein Abstraktum, einen leeren Begriff? Bildungsziel verfehlt!

Doch indem ich ein schlechtes Gewissen hatte und darüber nachdachte, vollzog sich bereits eine Veränderung, konnte ich plötzlich anders auf meine Kinder zugehen. Das hat ganz sicher nicht dazu geführt, dass ich zum Bilderbuchpapa wurde; ich habe im besten Fall vielleicht ein paar Fehler weniger gemacht. Aber sich die Frage zu stellen, welche Rolle etwa der Vater oder die Mutter in der Menschwerdung ihrer Kinder spielen sollten – und ich werde die Frage nach dem guten Vater sowie nach der Bedeutung der »Familie« später noch einmal aufwerfen –, ist die beste, wenn auch gewiss nicht die einzige Voraussetzung für einen gelingenden Bildungsprozess.

Ich werde im weiteren Verlauf von ähnlichen Konflikten aus meinen anderen Lebensabschnitten erzählen. Hier ging es mir zunächst nur darum festzustellen, dass ein für alle Zeiten richtiger Weg nie gefunden, sondern immer nur gesucht werden kann. Davon sollte sich aber niemand entmutigen lassen. Seit Jahrtausenden, das wusste schon der »Vater der Volksschule« und Ehrenbürger der Französischen Revolution, Johann Heinrich Pestalozzi, schwankt die Menschheit »zwischen einem ewigen Streben nach Veredelung und einem Fehlen ihres Ziels«. Und dennoch ist es unverzichtbar – auch dessen war sich Pestalozzi ebenso bewusst –, immer wieder neu darum zu ringen, wie und wozu erzogen, gebildet und ausgebildet werden soll. Tatsächlich gibt es ein solches Ringen und muss es ein solches Ringen geben, seit es Erziehung gibt. Genau das aber, dieses Nachdenken über die Ziele und Mittel der Erziehung, haben wir in den letzten Jahrzehnten sträflich vernachlässigt und dadurch in meinen Augen die Bildung, anstatt sie den sich wandelnden Verhältnissen sorgsam anzupassen, diesen Verhältnissen sorglos geopfert.

Liebesfähigkeit, Selbstvertrauen, Urteilsvermögen, Verantwortungsbewusstsein, Kreativität, Flexibilität,

Mut und kritische Distanz – all das sind Eigenschaften und Fähigkeiten, die in einem komplexen Bildungsprozess einerseits vermittelt, andererseits erlernt werden müssen. Wo es an diesen Eigenschaften und Fähigkeiten, wo es also an ausgebildeten Persönlichkeiten mangelt, ist es um das Bildungsklima, um die Kultur der Bildung schlecht bestellt. Und so ist es! Die Bildung scheint auf den Hund gekommen zu sein.

Nun werde ich hier deshalb ganz bestimmt nicht in den Chor all der larmoyanten Bildungsphilister mit einstimmen, die das Abendland einmal mehr dem Untergang geweiht und die kulturelle Klammer, die die pluralistischen Gesellschaften bis heute mühsam zusammenhält, endgültig zerbrechen sehen. Ich werde aber auch nicht dem Konkurrenzchor beitreten, der der nostalgischen Zivilisations-Elegie des anderen Gesangvereins das hohe Lied des Fortschrittsoptimismus und der Zukunftsgläubigkeit entgegen singt. Wie schon einmal erwähnt: Ich kann gar nicht singen.

Nein, Euphorie und Alarmismus sind gleichermaßen falsch. An der Vergangenheit bloß beschwörend festzuhalten ist in meinen Augen ebenso fatal, wie an eine gleichsam eigenmächtige Zukunft zu glauben. Wer aber gar nicht zurückblickt, verliert jede Richtung, und wer nicht nach vorn blickt, muss stehen bleiben oder wird schnell gegen ein Hindernis stoßen. Es geht darum, die Veränderungen, die sich stets und unvermeidlich vollziehen, seit und solange es Leben gibt, zu gestalten. Das verlangt eine differenzierte, unaufgeregte, nüchterne Betrachtung.

Denn die Dinge sind, und ich schreibe diesen Satz

ungern zu Ende, leider recht kompliziert. So kann ja auch die von mir geteilte Einschätzung vom miserablen Zustand der Bildung auf den ersten Blick paradox anmuten. Haben die Wissenschaften und der allgemeine Kenntnisstand in den letzten Jahrzehnten nicht enorme Fortschritte gemacht? Und ist die inzwischen nahezu unbegrenzte Zugänglichkeit dieses riesigen und immer weiter anwachsenden Wissensberges durch das Wunder des Internet nicht ein uneingeschränkter Segen? Besteht nicht endlich die reale Chance, in naher Zukunft alle Krankheiten zu heilen, alle Wüsten fruchtbar zu machen und kommende Generationen nach unserem Wunschbilde zu formen? Was sollte daran schlecht sein?

Unter dem letzten, fetten Fragezeichen befindet sich, ganz unauffällig, der entscheidende, der neuralgische Punkt. Wer wird eine Frage dieser Art – gut oder schlecht? richtig oder falsch? wichtig oder unwichtig? – überhaupt noch beantworten, wer sich in dem Rauschen der *bits* und *bytes* noch zurechtfinden können? Denn die unüberschaubare Menge an verfügbaren Informationen ist ja für sich genommen eigentlich sinn- und wertlos. Eine Information, die nichts anderes ist als eine Aussage über etwas in der Welt – und dass es sehr viele falsche, irrige Aussagen gibt, wird wohl niemand bestreiten –, erlangt für mich doch überhaupt erst dann eine Bedeutung, wenn ich sie organisieren, mich zu ihr in Beziehung setzen, sie also in Wissen umwandeln und in einen Kontext einbetten kann. Wenn ich das nicht kann, oder wenn ich nicht zwischen wahr und falsch unterscheiden kann, ist jede Information buchstäblich zu nichts nutze.

Die zweifellos fantastischen technisch-wissenschaft-
lichen Fortschritte – die uns ebenso zweifellos durchaus
zum Segen gereichen könnten, wenn wir mit ihnen
umzugehen wüssten – haben uns zunächst einmal vor
allem den Blick und den Verstand getrübt. Wir lassen
uns freudig vom *homo oeconomicus* zum *homo elec-
tronicus* umschulen, leiten einen Teil unseres Fondsver-
mögens – sofern vorhanden – zukunftstoll und selbstverständlich per Handy auf die Neuen Märkte um,
befinden uns praktisch permanent *online* und legen uns
darüber hinaus einen elektronischen *Organizer* mit
Memory- und Weckfunktion, Weltzeituhr und Überset-
zungsprogramm zu. Was soll da noch schief gehen? Wir
sind im Besitz des Weltwissens! Immer und überall.

Welch ein Irrtum! Die schöne, neue, von lauter Dis-
play-Anzeigen, Leuchtdioden und Flüssigkristallen fun-
kelnde so genannte Wissensgesellschaft, als deren stolze
Mitglieder wir uns wähnen, ist gar keine. In Wahrheit
hat sie längst verloren, was sie aufs Schild zu heben und
zu adeln vorgibt. Sie weiß gar nichts mehr, nicht einmal
von sich selbst, und will auch gar nichts wissen, sondern
verwechselt Erkenntnis und Wissen mit der Abrufbar-
keit von Daten und Informationen. Daten und Informationen jedoch sind allenfalls eine sehr krude Vorform
von Wissen, sind vielleicht sein Rohstoff. Erst wenn ich
sie mit meinen Erfahrungen, meinen Kenntnissen, meinem Leben sinnvoll in einen Zusammenhang knüpfen,
sie also mit Bedeutung belegen und verstehen kann – wie
subjektiv auch immer –, könnte ich mit Fug und Recht
sagen: Jetzt weiß ich, oder besser noch, jetzt glaube ich
zu wissen. Wenn mich aber jemand »informiert«, ohne

dass ich erkennen kann, weshalb es diese oder jene Information überhaupt gibt, wozu sie vermittelt wird – und mit solchen Daten füttert uns allabendlich sogar die Tagesschau –, erfahre ich nichts Wissenswertes. Lauter Aussagen von und aus aller Welt, ohne Hintergründe, ohne Zusammenhang, ohne Absicht, die meinem Wissen über die Welt kein einziges *bit* hinzufügen.

Viele von uns empfinden hierüber, vor welchem Bildschirm sie auch sitzen mögen, immerhin noch ein leichtes Befremden, ein mehr oder weniger vages Unbehagen, dass der Schein möglicherweise trügen könnte. Viele andere lassen sich, unempfindlich geworden, schlicht berieseln, nehmen überwiegend nur noch Geräusche und Zeichen wahr, die unverbunden und also bedeutungslos nach- und nebeneinander durch den Raum schwirren. Und diese Beliebigkeit ist kein Wunder oder das Indiz für das Versagen Einzelner. Denn die überall und jederzeit zugängliche Informationsflut führt zwangsläufig zu einer Vergleichgültigung, da alles, was beispielsweise das Internet auswirft, gleich gültig ist. Wer kann noch bewerten, wer beurteilen, was wichtig und was richtig ist? Woher den Filter nehmen, der es ermöglicht, die Daten in Wissen und das Wissen in Verstehen umzuwandeln? Was hier, im Umgang mit all den extern gespeicherten Informationshalden, in Zukunft dringender denn je notwendig sein wird, ist, so überraschend es klingen mag, durchaus nichts Neues, sondern schlicht das Alte: Bildung.

Wer wie selbstverständlich mit den neuen Medien und Menues aufgewachsen ist, und es dürfte sich inzwischen bereits um zwei, wenn nicht um drei Generationen handeln, der wird zwar – so hat Oscar Wilde einmal den modernen Zynismus beschrieben – von allem den Preis, aber womöglich von nichts mehr den Wert kennen. Das wäre nun aber keineswegs den Jugendlichen vorzuhalten. Denn jegliche Beurteilungskriterien können gerade nicht aus irgendwelchen Daten selbst abgeleitet werden, sie müssen von außerhalb kommen und auch erkannt und geprüft werden können. Das setzt Urteilsvermögen voraus – eine Fähigkeit, die sich weder trainieren noch pauken lässt und die auch nicht aus dem *World Wide Web* heruntergeladen werden kann, sondern die sich erst im Verlaufe eines Bildungsprozesses entwickelt und die vor allem auf Wissen und auf Erfahrung beruht.

Wissen und Erfahrung wiederum können als unzertrennliches Zwillingspaar bezeichnet werden und zugleich – Inzucht hin oder her – als Eltern der Vernunft. Denn erst wer Erfahrungen macht, gelangt zu Wissen, ohne das wiederum die Erfahrung blind bliebe. Ein mit Kenntnissen bloß gefüllter Mensch, so wie er auch heute noch unsere staatlichen Lehranstalten verlässt, *weiß* so wenig wie ein Lexikon oder eine Festplatte, denn Wissen ist – so hat es der Philosoph Max Scheler einmal sehr schön und zutreffend umschrieben – die »Teilhabe am Seienden«, deren Voraussetzung die das eigene Sein transzendierende Teilnahme ist. Und das verweist nicht zuletzt auf Anteilnahme und Verantwortung – sowie auf das Höchstmaß an Teilnahme: auf die Liebe. Das klingt kompliziert, ist aber im Grunde nichts anderes als Menschsein. Erst wenn ich selbst in lebendigem Austausch mit anderen und der Welt stehe, mich einlasse, kommuniziere, fremde Lebensäußerungen zu verstehen versuche, Gefühle empfinde und in anderen auslöse, habe ich die Chance, Wissen zu erlangen. Und dieses Wissen ist nicht unverbrüchlich, es ist erweiter- und revidierbar, sozusagen ständig in Bewegung.

Nun passte die moderne Teilnahme etwa an einem *Chat*, obwohl durch äußerste Beweglichkeit gekennzeichnet, ganz gewiss nicht in die Scheler'sche Definition des Wissens. Das *chatten* müsste demgegenüber wohl eher als Vermeidung von Teilnahme, es könnte allenfalls als »Teilhabe am Virtuellen« bezeichnet werden – wenngleich mir die Absurdität dieser Wendung natürlich bewusst ist: Teilhabe woran? Eine Kommunikation, deren Teilnehmer anonym bleiben, die nicht miteinander in einen Austausch treten, sondern ihre Monologe bloß als Dialog verkleiden, ist gar keine, sondern erweist sich schon im Ansatz als beliebiger Redefluss, der durch keinerlei Regeln gebändigt werden soll. Identitätswechsel, Täuschen, Tarnen, Wahrheit und Lüge, Vergangenheit, Gegenwart und Zukunft: Alles ist eins, anything goes.

Dennoch gäbe es ja gegen eine spielerische oder gezielte virtuelle »Teilhabe« von Zeit zu Zeit gar nichts einzuwenden, ebenso wenig wie gegen die meisten anderen Segnungen der Technik – sofern derlei neue Aktivitäten nicht eine wirkliche Teilnahme verdrängten oder sogar ersetzten. Genau das scheint mir aber der Fall zu sein. Immer mehr alltägliche und außeralltägliche Angelegenheiten werden nicht mehr im Austausch und durch das Gespräch, sondern per Mouseclick geregelt: Ich hole mir die Welt – als Auswahlmenue – buchstäblich auf den Bildschirm, surfe mal hierhin, mal dorthin und lasse mich von diesem oder jenem Angebot verlocken. Die »Welt« bleibt stets hinter der Bildschirmoberfläche und ich davor. Damit aber droht sich unverzüglich durchzusetzen, wovor Günther Anders bereits vor Jahrzehnten gewarnt hat: »Da wir beliefert werden, gehen wir nicht mehr auf Fahrt, bleiben wir unerfahren.« Und also unwissend. Und also unvernünftig. Und also ohnmächtig.

Darin sehe ich in der Tat eines der besorgniserregendsten Merkmale der Gegenwart: Gerade die Internet-Gesellschaft, die uns auf der einen Seite viele neue Chancen eröffnet, ist auf der anderen Seite durch Erfahrungsarmut und einen zunehmenden Mangel an Teilnahme gekennzeichnet. Und ausgerechnet die Bildungspolitik, die dem entgegenzusteuern hätte, weil sich Bildung ohne Erfahrung und Teilnahme nicht »ereignen« kann, glaubt sich dieser von Technik und Wissenschaft weiter forcierten und zunehmend von wirtschaftlichen Interessen dominierten Entwicklung auch noch anpassen zu müssen. Ein kardinaler Fehler – am Ende einer Reihe von Fehlern und Versäumnissen, die gerade im Bildungsbereich während der letzten Jahrzehnte zu beklagen sind.

Hier müssen wir ansetzen, und zwar viel radikaler, als es all die zahlreichen, zum Teil sehr gut gemeinten Reformversuche seit den sechziger Jahren unternommen haben. Wenn heute von einer »Bildungsoffensive« die Rede ist und im gleichen Atemzug Maßnahmen gefordert werden wie die Modernisierung der Lehrpläne, eine Vernetzung der Schulen, eine Straffung des Studienangebots, eine Neuberechnung der Kapazitäten, die Erhebung von Studiengebühren oder gar die Einführung von

Evaluierungsmethoden zur Leistungskontrolle der Lehrenden, dann geht dies am Kern des Problems meilenweit vorbei. Einzelne dieser Maßnahmen mögen ja gut und sinnvoll sein, wenngleich die Sprache, in der sie formuliert sind, misstrauisch machen sollte. Aber selbst die beste Maßnahme wird gar nichts helfen, solange wir uns nicht über den Sinn der gesamten Veranstaltung verständigt haben. Was ist Bildung? Was soll sie sein?

Mit einer »Offensive« ist es, fürchte ich, nicht getan. Zuvor hätten wir uns schon einmal über die Begrifflichkeit und über die Inhalte zu verständigen. Denn wer forsch nach vorne will, sollte wissen, wo »vorne« ist, wo er herkommt und wohin er will. Hierüber scheinen mir aber mindestens Unstimmigkeiten zu herrschen. Wer beispielsweise meint, die beste Schule sei diejenige, die über die leistungsstärksten Computer und die meisten Internetzugänge verfügt, hat entweder nichts begriffen oder alles vergessen. Hilfsmittel sind ja wichtig, aber es bleiben Hilfs-Mittel, die immer nur so gut sein können wie die Menschen, die sie einsetzen und anwenden. Und doch scheint sich der Ausstattungswahn, eine Art Equipment-Manie immer weiter zu verbreiten – ein probates Mittel, um die eigene Hilflosigkeit zu kaschieren; man versucht, die Not als Tugend zu verkaufen, und tut so, als sei das beste Restaurant dasjenige, das über die größten Pfannen und die meisten Herdstellen verfügt. Aber wer möchte schon gern in einer solchen Großkantine essen?

Was wir brauchen, ist deshalb nichts weniger als ein Wunder. Doch Wunder sind möglich, sie geschehen manchmal, nicht nur die blauen; man denke an den Fall der Berliner Mauer und die deutsche Vereinigung. Wunder sind sogar machbar, auch hierfür gibt es Beispiele, sogar solche, an die wir uns anlehnen könnten. So hat beispielsweise Karl Schiller, einer der Macher des vorletzten großen Wunders in Deutschland, des deutschen Wirtschaftswunders, die Philosophie seiner eigenen Wirtschaftspolitik und der seines Vorgängers Ludwig Erhard einmal folgendermaßen begründet: »Stabilität ist nicht alles. Aber ohne Stabilität ist alles nichts.«

So ließe sich heute auch die Notwendigkeit eines Bildungswunders begründen: Denn Bildung ist zwar nicht alles, aber ohne Bildung ist alles nichts.

Was ist Bildung?

Bildung ist ein anspruchsvolles Wort. Es bezeichnet keinen Zustand, sondern einen Prozess, der sich nicht nur,
nicht einmal in erster Linie in den uns bekannten Bildungsinstitutionen abspielt. Überall, wo Menschen miteinander oder mit ihrer Umwelt in Beziehung treten,
kann sich Bildung ereignen, nein, ereignet sich zwangsläufig Bildung – verstanden in der eigentlichen Bedeutung des Begriffs, der sowohl auf das Bild, das Vorbild,
die Formgebung verweist wie auch auf das Gestaltgeben,
Bilden, Einbilden. »Gebildet« in diesem Sinne ist also
nicht notwendig der Gelehrte, Belesene oder derjenige,
der jedes Kreuzworträtsel meistert; einen unwiderlegbaren Beweis für seine Bildung erbringt auch der noch
nicht, der nacheinander ein Rilke-Gedicht, die thermo-
dynamischen Hauptsätze und die exakten Lebensdaten
William Shakespeares aufsagen kann – wenngleich jeder
Gebildete natürlich schon einmal von Rilke, Boltzmann
oder Shakespeare gehört haben sollte.

Nein, Bildung darf nicht mit Wissen oder Können
gleichgesetzt oder verwechselt werden. Die Bildung hat
dem Wissen und Können stets etwas beizugeben, ist

etwas anderes als Gelehrtheit und Kompetenz. So hat der Philosoph Max Scheler, den ich oben schon zitiert habe, einmal einen fiktiven weisen Mann sagen lassen, gebildet sei jemand, dem man nicht anmerke, dass er auf der Universität gewesen sei, falls er auf der Universität gewesen sei, dem man aber auch nicht anmerke, dass er keine Hochschule besucht habe, wenn er keine Hochschule besucht habe. Und ein nicht minder bekannter Philosoph, der große Georg Wilhelm Friedrich Hegel, wusste auch noch recht genau, was heute zunehmend in Vergessenheit zu geraten droht: »Lernen heißt eben nicht nur, mit dem Gedächtnis die Worte auswendig lernen – die Gedanken können nur durch das Denken aufgefasst werden, und dieses Nachdenken ist Lernen.«

Das heißt, über Wissen zu verfügen kann zwar ein Resultat von Bildung sein, ist aber nicht mit ihr identisch. Ebenso ist die Aneignung von Wissen ein Vorgang, in dem Bildung geschehen kann, ohne deshalb mit ihr identisch zu sein. Sich zu informieren, zu qualifizieren und spezifische Kenntnisse zu erwerben ist, zunächst einmal nichts anderes als ein Prozess der Datenaufnahme und -speicherung, der den verschiedensten Zwecken dienen, der für alles Mögliche taugen kann; Moral, Verantwortung und Vernunft müssen nicht dazu gehören: So mag es Mafiosi geben, vielleicht sogar Kinderschänder oder Hooligans, die kenntnisreicher, informierter, qualifizierter und kreativer sind als der eine oder andere Ethik-Professor – einmal vorausgesetzt, unser Professor ist nun nicht gerade ein Mafioso, Kinderschänder oder Hooligan. Aber wären sie deshalb »gebildeter«? Was wir gemeinhin »Gebildetheit« nennen, ist doch zumeist nur ein Status-Spiel – »Ich weiß etwas, was du nicht weißt« –, eine auf Unverständnis beruhende Zurichtung dessen, was mit »Bildung« zu bezeichnen wäre.

Diesen »Überschuss« – Liebesfähigkeit, Urteilsvermögen, Verantwortungsbewusstsein, Mut und kritische Distanz –, den viele zu Unrecht als überschüssig ansehen – oder zumindest handeln sie so, als täten sie es –, müssen wir uns vergegenwärtigen, wollen wir nicht in die alten Fehler verfallen und uns selbst und andere glauben machen, die Probleme, vor denen wir stehen, die Mängel, die wir beklagen, ließen sich sozusagen technokratisch in den Griff kriegen. Denn die Bildungsmisere ist in der Tat eine *Bildung*smisere, der allein mit einem größeren Lernquantum, mit höherem technischen oder finanziellen Einsatz ganz bestimmt nicht beizukommen ist.

Ich möchte daher selbst versuchen und andere dazu anregen, etwas »tiefer zu schürfen«, um jene Schichten unserer Bildung freizulegen, die allen anderen Kenntnissen und Fertigkeiten als Fundament, besser noch als Mutterboden dienen, in dem all unser Wissen und Können verwurzelt ist. Wird dieser Mutterboden verweht und infolgedessen unser Wissen und Können entwurzelt, verfügen wir am Ende nur noch über frei flottierende Kompetenzen und nehmen womöglich am Ende selbst die Struktur und (Un-)Ordnung des Internet an: der Mensch als eine Art Speicher, den man mit lauter unverbundenen *attachements* füllen kann, die sich bei Bedarf öffnen oder schließen, ergänzen oder löschen lassen, die sich aber nicht mehr zu einem Ganzen fügen.

Aus dieser Perspektive liegt es in der Tat nahe, von denkenden Computern mit nahezu unbegrenzter Leistungsfähigkeit zu schwadronieren, die dereinst den schwachen und fehlbaren Menschen ablösen könnten. Glaubt man etwa Bill Joy, dem Erfinder der Computersprache Java, dann sollte es bereits in absehbarer Zeit möglich sein, die menschliche Intelligenz in allen Lebensbereichen durch »künstliche« zu ersetzen. Wie das? Indem man die Matrix menschlichen Bewusstseins in einen elektronischen Speicher einscannt. Du lieber Himmel! Immerhin hat Bill Joy dieses Szenario, sehr medienwirksam, als Bedrohung ausgemalt und mit starken Worten vor einer »wissensbasierten Massenvernichtung«, vor der »Perfektion des Bösen in seiner extremsten Ausprägung« gewarnt. Denn Wissen ohne Einbindung in eine auch moralische Kultur des Humanen sei, gerade angesichts der technischen Kombinationsmöglichkeiten, barbarisch. Und insoweit zumindest teile ich dann wieder die Einschätzung von Bill Joy.

Die Gefahr allerdings, dass wir uns als Spezies gleichsam selbst abschaffen, indem wir, was in uns denkt und empfindet, in körperlose, dafür sehr langlebige Maschinen überführen, womöglich sogar freiwillig, mag zwar als Filmstoff taugen, sollte jedoch nicht die kleinste Sorgenfalte verursachen. Ich halte das für weit überzogen – und stünde im Übrigen auch nicht zum Einscannen zur Verfügung. Aber als Gedankenexperiment ist das Szenario, in einer skeptischen Variante, durchaus anregend: Wir hätten unsere Abschaffung inzwischen wohl redlich verdient, denn im *knowledge management*, das angeblich zur entscheidenden Zukunftskompetenz avancieren wird, sind wir unseren technologischen Schöpfungen schon heute weit unterlegen.

Dass wir überhaupt auf die Idee verfallen, dem Computer das menschliche Denken beibringen zu wollen, entbehrt nicht einer gewissen Dekadenz. Und es belegt auf anderer Ebene noch einmal in sinnfälliger Weise die eben angesprochene Verwechslung von Bildung mit Wissen, diesmal in ihrer weit verbreiteten Variante als Verwechslung von Vernunft mit Rationalität oder von Denken mit logischem Schließen. Der Dekadenz-Aspekt wiederum enthüllt sich, wenn wir hier einmal, in experimenteller Hinsicht, trotzdem großzügig sein wollen und kurzfristig so tun, als wüssten wir es auch nicht besser, als würden wir dieselbe falsche Ansicht vertreten. Da ergibt sich doch sofort ein logisches Dilemma: Wenn wir den Computer so verbessern können, dass er nicht nur leistungsfähiger – das ist er schon –, sondern intelligenter, kreativer und lernfähiger wird als der Mensch – warum, um alles in der Welt, sollten wir so etwas Dummes dann tun? Was würden wir uns davon versprechen? Was bliebe dann für uns eigentlich übrig? Und was würde der unermesslich kluge Computer mit uns antiquierten, unzulänglichen, fehlbaren Lebewesen anfangen, die, so muss es aus seiner Sicht erscheinen, kaum etwas Besseres zu tun haben, als sich selbst, den anderen und der Natur Gewalt anzutun? Man muss ihm sicher nicht gleich einen Vernichtungsgedanken unterschieben, aber er müsste schon zusehen, dass wir künftig zumindest keinen Schaden mehr anrichten können. Was ihm da wohl einfiele?

Das ist natürlich alles absurd. Ein solches Gedankenexperiment beruht bereits auf einem kardinalen Fehler. Wir können nicht wissen, was der Computer denkt, wenn er denn erst einmal mehr und besser und länger denkt als wir selbst. Wie sollten wir? Da er das aber auch niemals können wird, kehren wir lieber zu den Fakten zurück und stellen fest, dass zumindest der Merkfähigkeit des Computers, seiner Speicherkapazität also, kaum Grenzen gesetzt zu sein scheinen. Und das liegt vor allem daran, weil er nicht denken muss. Der Computer wird niemals wissen können, warum und wozu er etwas »weiß«. Deshalb ist er in mancher Hinsicht vielleicht schneller als wir. Wir können, nein wir sollten das aber wissen, und wir können uns dieses Wissen, falls wir es vergessen haben sollten, wieder neu aneignen. Und dafür ist es höchste Zeit.

Aus-gebildet

*Die Zeit ruft nach »Persönlichkeiten«, aber sie
wird vergebens rufen, bis wir die Kinder als
Persönlichkeiten leben und lernen lassen; ihnen
gestatten, einen eigenen Willen zu haben, ihre
eigenen Gedanken zu denken, sich eigene
Kenntnisse zu erarbeiten, sich eigene Urteile zu
bilden; bis wir, mit einem Wort, aufhören, in den
Schulen die Rohstoffe der Persönlichkeit zu
ersticken, denen wir dann vergebens im Leben zu
begegnen hoffen.*

ELLEN KEY, SCHWEDISCHE REFORMPÄDAGOGIN, 1900

Wenn ich der Bildung hier recht pauschal ein schlechtes
Zeugnis ausspreche, und mit »Bildung« meine ich nicht
den allgemeinen Wissensstand, sondern die Erziehungs-
und Bildungspraxis, so ließe dies, auch so viel sollte klar
geworden sein, noch keine Rückschlüsse auf eine ebenfalls mangelhafte Qualität der *Ausbildung* zu, wenngleich
wir auch in dieser Hinsicht Grund zur Klage haben. Es ist
aber wichtig, zunächst einmal klar zwischen Bildung,
Ausbildung und Qualifikation zu unterscheiden, um auf
den Grund der Misere zu gelangen. Denn dass diese
Begriffe meist synonym verwendet werden, ist bereits
symptomatisch: Es zeugt von einer fatalen Geringschätzung dessen, was einstmals Bildung genannt wurde, sowie
von einer auf mangelnder Bildung beruhenden Über-
schätzung dessen, was heute Qualifikation heißt. Und
diese Borniertheit hat in Wirtschaft, Gesellschaft und
Kultur bereits schwere Mangelerscheinungen bewirkt.

Da in meinem Leben und Denken die Sphäre der Ökonomie eine herausragende Rolle spielte und weiterhin
spielt, werde ich in meinen Überlegungen über die
Zukunft der Bildung häufig aus wirtschaftlicher Perspektive argumentieren und mich vor allem auf das Verhältnis von Wirtschaft, Gesellschaft und Kultur konzentrieren (den einen oder anderen Abstecher wird man
mir hierbei sicher nachsehen). Das ist aber nur scheinbar ein besonderer Zugang. Denn in Wahrheit geht es
immer, und zwar ganz wesentlich – auch im Bereich der
Bildung –, um eben dieses Verhältnis, das mir heute
schwer zerrüttet scheint: Kultur, Gesellschaft und Wirtschaft befinden sich in einer durch das Dominanzstre-
ben eines der Partner ausgelösten und sich vertiefenden
Beziehungskrise. War es bislang die Kultur, aus der alle
verbindlichen Verhaltensnormen abgeleitet wurden und
die gerade dadurch ein Klima des Vertrauens schuf, in
dem so etwas wie gesellschaftliche Harmonie und ein
verlässlicher wirtschaftlicher Austausch überhaupt nur
möglich sind, so hat inzwischen die kommerzielle die
kulturelle Sphäre überlagert, droht damit aber die gesellschaftlichen Grundlagen verlässlicher Handelsbeziehungen zu zerstören. Aus der freien Marktwirtschaft lässt
sich kein Gesellschaftsmodell ableiten, sie ist ein Mittel,
das seinen Zweck nur unter bestimmten gesellschaftlichen Voraussetzungen erfüllen kann.

Wir alle haben zugesehen und letztlich, zum Beispiel
durch mangelnden Widerstand, daran mitgewirkt, dass
unser Leben zunehmend von wirtschaftlichen Zusammenhängen bestimmt ist, dass es kaum noch Entscheidungen gibt, die keine ökonomische Dimension

haben. Darüber nun in Verzweiflung zu geraten und den »Terror der Ökonomie« zu brandmarken, halte ich, zumindest in Teilen, für wohlfeil. Denn wer der Ökonomie eilfertig sämtliche Türen aufsperrt oder sie zumindest nicht verschlossen hält, sollte sich später nicht wundern, wenn sie auch hereinkommt und – übrigens zu ihrem eigenen Schaden – nahezu überall das Regiment übernimmt. So hat inzwischen allzu vieles – auch menschliche Beziehungen, auch die Bildung – eine betriebswirtschaftliche Engführung erfahren und ist durch solche Reduktion sozusagen warenförmig imprägniert worden. Als gut und richtig gilt nur noch, wer oder was »funktioniert«, wer oder was zu etwas nütze ist. Aber »funktioniert« ein solches Effektivitätsdenken wirklich? Geht es auf? Lässt sich die Sinnfrage auf eine reine Motivationsfrage reduzieren?

Jeder, der im Berufsleben steht, wird bestätigen können, dass eine erstklassige Ausbildung zwar wichtig, aber nicht alles entscheidend ist. Ich habe in meiner Zeit als Manager so einige Einser-Absolventen der besten Fakultäten an die Seite gestellt bekommen, die mir allesamt fachlich weit überlegen waren. Sie bewegten sich in puncto Qualifikation in eisigen Höhen, hatten alle vergleichbar glänzende Voraussetzungen und hätten doch unterschiedlicher nicht sein können. Viele von ihnen waren der Arbeitspraxis, trotz aller Sachkenntnis, schlicht nicht gewachsen. Bestens eingeweiht in alle Geheimnisse und Finessen etwa der elektronischen Warenwirtschaft, hatte sie offenbar niemand darüber informiert und entsprechend darauf vorbereitet, dass es eminent wichtig sein würde, Kollegen zu überzeugen,

Mitarbeiter zu motivieren und für ein gutes Arbeitsklima zu sorgen. Keine Schule und keine Universität hatte ihnen vermittelt, dass jedes Unternehmen eine eigene Kultur ausbildet, in der auch andere als fachliche Kompetenzen gefordert sind und die ein soziales Beziehungsgefüge entstehen lässt, das die professionelle Hierarchie in vielfältiger Hinsicht überlagert. Das hatten sie in ihrer Karriereplanung nicht berücksichtigt – und mussten deshalb scheitern.

Leistungsfähig und erfolgreich wird am Ende nur derjenige sein, der sich wohl fühlt, der in jenem Beziehungsgefüge seinen Platz findet, der sich akzeptiert und nicht nur als Funktionsträger, sondern als Mensch wahrgenommen fühlt. Eine solche Atmosphäre aktiv zu gestalten, erfordert aber soziale Kompetenzen, die jene Musterschüler offenbar nicht oder nicht in ausreichendem Maße erworben und ausgebildet hatten. Und diese »besonderen« Kompetenzen sind ja auch nicht so einfach zu erlernen und schon gar nicht zu lehren wie ein beliebiger Wissensstoff. Die Voraussetzungen für ihre »Ausbildung«, ich habe das oben schon einmal erwähnt, wären Erfahrung und Teilnahme.

Hier herrscht in meiner Wahrnehmung ein weit verbreiteter und sich weiter verbreitender Mangel, der Versäumnisse in der – wie soll ich es nennen? – »menschlichen Grundbildung« erkennen lässt; oder, in den Worten Wilhelm von Humboldts: Versäumnisse in der »allgemeinen Menschenbildung«. Denn »was das Bedürfnis des Lebens oder eines einzelnen seiner Gewerbe erheischt, muss abgesondert, und (sollte erst) nach vollendetem allgemeinen Unterricht erworben werden«.

Und dieser »allgemeine Unterricht« lässt offenbar zu wünschen übrig.

Ich behaupte deshalb: Wenn bestens ausgebildete Menschen nicht oder nur unzureichend in der Lage sind, ihre brillanten Fertigkeiten sinnvoll und effektiv anzuwenden, so liegt dies auch und nicht zuletzt an einem Mangel an Bildung. Denn, und ich wiederhole mich in diesem Fall gern: Ohne Bildung ist auch alle Ausbildung nichts. Das heißt, die so genannte Bildungsmisere wäre, so verstanden, durchaus nicht das Resultat eines Mangels an Fachwissen und Qualifikationen, sondern im Gegenteil, sie ist Folge einer zu starken Qualifikationsfixierung. Schon Goethe wusste, dass das Warum viel entscheidender sei als das Wie; die nötigen Fertigkeiten würden die Menschen schon allein ausbilden, sobald sie auf einem Sinnfundament stünden.

Damit nähere ich mich, wenn auch noch sehr tastend, der einstigen Naht- und gegenwärtigen Bruchstelle zwischen Bildung und Ausbildung, deren zerfurchte und sich teilweise überlappende Ränder ich im Folgenden gern freilegen möchte. Dabei geht es mir nicht darum, eine eherne Rangfolge zu erstellen oder das eine gegen das andere auszuspielen – das hieße, den herrschenden Unsinn noch auf die Spitze zu treiben. Es ist vielmehr ins Gedächtnis zu rufen, was viele – auch die meisten Bildungspolitiker – vergessen zu haben scheinen. Das, was wir uns »Ausbildung« zu nennen angewöhnt haben, ist ein zwar nicht trennscharf abzugrenzender, aber eigenständiger Bestandteil von Bildung, die weit mehr beinhaltet als konkrete Qualifizierungsmaßnahmen – und die darüber hinaus weit mehr ist als die Summe ihrer Teilbereiche: Erziehung, Schulbildung, Berufsausbildung. Wer sie, technokratischen oder wirtschaftlichen Nützlichkeitserwägungen folgend, auf plane Verwertbarkeit reduziert, wem es primär darum geht, die jungen Menschen effektiv und sozialverträglich in die Erwerbsarbeit einzufädeln – und derlei »Optimierung« scheinen zur Zeit viele im Sinn zu haben –, der wird dem Fundament jeder Gesellschaft und damit übrigens auch dem Fundament der Wirtschaft (von der Kultur ganz zu schweigen) irreversiblen Schaden zufügen. Das heißt, das Gegenteil dessen erreichen, was er anzustreben vorgibt.

Die Erzeugung von Wissen, Gütern und Dienstleistungen wird noch lange auch die Ausbildung von sehr zielgenau qualifizierten Spezialisten erfordern, deren Qualifikation mit ihrer späteren Tätigkeit auf einen klaren Nenner zu bringen ist: Sie tun exakt das, wofür sie ausgebildet worden sind, und wenden unmittelbar an, was sie gelernt haben. Aber die Erzeugung von Wissen, Gütern und Dienstleistungen wird künftig erst recht die Ausbildung von Generalisten erfordern, genauer gesagt, die Umbildung von Spezialisten zu Generalisten. Denn Spezialisten haben in Zeiten des Wandels einen entscheidenden Nachteil: Ihre hoch spezialisierten Kenntnisse sind ja an ganz spezifische Anforderungen angepasst, auf ganz konkrete Arbeitsabläufe zugeschnitten. Ein Generalist hingegen ist seinem Wesen nach unangepasst, ja, die Nicht-Angepasstheit ist geradezu die Voraussetzung für seine berufliche Eignung. Sie ist die Grundlage seiner Fähigkeit, sich zu verändern.

Natürlich wäre es naiv, eine sozusagen generelle Entspezialisierung zu fordern. Die enormen Fortschritte in

Wissenschaft und Technik kommen nicht nur durch ein immer höheres Ausmaß an Spezialisierung zustande, für ihre Anwendung und Nutzbarmachung sind auch immer speziellere Kenntnisse unumgänglich. Und das ist an sich durchaus nichts Beklagenswertes. In den Brennpunkten der Grundlagen- und Anwendungsforschung, beispielsweise in der Bio-, Gen-, Medizin- oder Computertechnologie, verdoppelt sich das vorhandene Wissen, Experten zufolge, inzwischen bereits in einem Zeitraum von fünf Jahren, mit weiter abnehmender Tendenz. Forschungsstatistiken weisen aus, dass heute in jeder Minute eine neue chemische Formel entwickelt, alle drei Minuten ein neuer physikalischer Zusammenhang erkannt und alle fünf Minuten eine neue medizinische Erkenntnis gewonnen wird. Von dieser Entwicklung profitieren viele; sie hat aber auch ihre Schattenseiten, insofern sie jeden aus dem Rennen wirft, der nicht weiter lernt und sich in seinem Bereich nicht weiter spezialisiert. Denn, wie es Professor Hubert Markl von der Max-Planck-Gesellschaft einmal formuliert hat: »Wer nur kann, was alle schon können, und nur weiß, was alle schon wissen, kann auch nur tun, was alle schon tun können.«

Mit einem Brustton undifferenzierter Überzeugung nach Generalisten zu rufen, wäre also verfehlt. Dennoch bleibt die Forderung berechtigt, sie muss nur dort, wo Spezialisierung unvermeidlich ist, variiert und zu einer Forderung nach Interdisziplinarität umformuliert werden. Was den einzelnen Generalisten auszeichnet, müsste zum Kennzeichen eines multitalentierten Teams werden, in dem sich verschiedene Spezialisten im Rahmen einer Aufgabe wechselweise ergänzen und bereichern.

Ein Beispiel: Als ich mich 1992 an der Wirbelsäule operieren lassen musste, hatte ich das Glück, auf eine Koryphäe der Mikrochirurgie zu treffen, auf einen Mann, dem ich vermutlich mein Leben, ganz sicher aber meinen aufrechten Gang verdanke. Und dieser Mensch erzählte mir, dass seine Kunst, die Mikrochirurgie, nur deshalb so weit fortgeschritten sei, weil sie von vornherein interdisziplinär orientiert war. Auch in Zukunft seien weitere massive Fortschritte zu erwarten, sofern man die fachübergreifende Zusammenarbeit noch stärker systematisiere. Dafür hat er dann kurz darauf selbst gesorgt und in Hannover ein inzwischen ebenso anerkanntes wie erfolgreiches Institut für Biotechnologie gegründet, das auf fünf gleichberechtigten Säulen ruht: Mathematik, Molekurbiologie, Philosophie, Informatik und Mikrochirurgie.

Solche Initiativen sind heute keine Einzelfälle mehr. Auch viele Praktiker aus der Wirtschaft beginnen die Zeichen des Wandels langsam zu erkennen und sogar richtig zu deuten. »Es wird Zeit, dass wir Menschen nicht mehr ausbilden, sondern bilden«, verlangte vor kurzem etwa BMW-Sprecher Richard Gaul, denn »wir brauchen Menschen, die Nein sagen können. Selbstbewusste Leute sind auf Dauer die einzige Ressource. Alles andere ist Blech, Beton und tote Materie.« Neue Töne – wenn ich einmal von dem Fehlgriff absehe, selbstbewusste Menschen als »Ressource« zu betrachten. Das heißt, der einst von ihnen selbst initiierte und forcierte Spezialisierungstrend wird heute von vielen Wirtschaftsbossen lautstark beklagt. Ihr Ruf nach Generalisten, nach kompletten, anpassungsfähigen Persönlichkeiten wird immer drängender. Aber wen rufen sie an? Und wer wird sie erhören? Ich hoffe sehr, dass ihre hektische Forderung nun nicht gleich wieder als Kommando missdeutet wird, dem unverzüglich Folge zu leisten ist, sondern dass wir endlich einmal aus den Fehlern der Vergangenheit lernen und den Weg zu einer vernünftigen Philosophie des Sowohl-als-auch einschlagen werden. Nicht einfach einen herrschenden Trend durch sein Gegenteil ersetzen – ex und hopp –, sondern ihn vorausschauend und mit Augenmaß korrigieren.

Das Bildungs- und Ausbildungssystem darf nicht ausschließlich, nicht einmal in erster Linie für die Verbesserung der internationalen Konkurrenzfähigkeit von Wirtschaft und Gesellschaft in den Dienst genommen werden; und es darf sich schon gar nicht an kurzfristigen ökonomischen oder professionellen Bedarfskriterien ausrichten lassen – mit den bekannten Folgen: Wer erinnert sich nicht noch an die so genannte Lehrerschwemme in den achtziger Jahren, die dadurch zustande gekommen war, dass Schulabgänger, aufgrund eines akuten Lehrermangels, massenweise für die Lehrerausbildung angeworben wurden; als sie nach Jahren des Studiums die Universitäten wieder verließen, trafen sie aber, und zwar in großer Zahl, auf eine veränderte Arbeitsmarktsituation – und wurden plötzlich, entgegen allerlei Versprechungen, doch nicht gebraucht.

Da sich die Wirtschaft stets schneller ändern wird, als ein Bildungs- oder Ausbildungsprozess es je könnte, da heute niemand präzise vorhersagen kann, welche speziellen Fertigkeiten etwa in zehn Jahren benötigt werden, sollte sich die Bildung immer eine gewisse Marktferne erhalten. Denn wenn ich auch den Qualifikationsbedarf nicht prognostizieren kann, so kenne ich doch einen Bedarf ganz genau; eine Fähigkeit wird auch morgen und übermorgen und in zehn Jahren ganz gewiss benötigt: das Denken. Und da nur eigenständig gedacht werden kann, kann auch das Bildungssystem nur als eigenständiger und gleichberechtigter Partner der Wirtschaft seinen Auftrag erfüllen und alle weiteren Fähigkeiten vermitteln, die zur Bewältigung der Zukunft ebenfalls nötig sein werden.

Führen wir uns die allgemeine Situation noch einmal – notwendigerweise holzschnittartig – vor Augen: Nach mehreren Jahrzehnten in Wohlstand und Sicherheit hat sich, spätestens seit Beginn der neunziger Jahre, der Rhythmus der gesellschaftlichen und wirtschaftlichen Entwicklung dermaßen beschleunigt, dass viele unserer Gewohnheiten plötzlich zur Disposition stehen und wir alle unsere Bezugspunkte zu verlieren drohen. Neue Technologien verändern unsere sozialen Beziehungen und höchstwahrscheinlich auch unsere politischen Institutionen, das einstmals Feste wird sozusagen flüssig, Festgefügtes driftet auseinander, Märkte werden von Netzwerken abgelöst, die Produktion von Gütern tritt in den Hintergrund, materielles Eigentum wird nachgerade zu Ballast, Information und Wissen werden zum Kapital der Zukunft erklärt: Alle Lebensbereiche scheinen sich grundlegend zu wandeln, ohne dass diese Wandlungen ein bewusst gesetztes Ziel erkennen lassen. Das Wort »Veränderung« hat dadurch für viele einen unangenehmen, ja, bedrohlichen Beiklang bekommen; das, was es bezeichnet, ist nun primär angstbesetzt.

Wir haben das Gefühl, nicht mehr Schritt zu halten, und wissen nicht, wohin wir stolpern. Das ist riskant. Da wir aber ins Ungewisse treiben, getrieben werden, erscheint dieses Risiko, das als integrierter Bestandteil des Lebens wieder lähmend zu Bewusstsein kommt, nicht mehr tragbar. So erleben viele von uns den sich zur Zeit im Alltagsgeschehen und der Kultur der Unternehmen des privaten wie des öffentlichen Sektors vollziehenden Wandel als schmerzhaft und durch und durch fremdbestimmt. Wir wollen weder unsere Arbeitsweise noch unsere Gewohnheiten ändern, werden aber vom Gang der Ereignisse, auf den wir immer weniger Einfluss zu haben glauben, überrollt und sehen uns mit der brennenden Frage konfrontiert, wie darauf zu reagieren sei. Die Anpassungsleistungen, zu denen wir uns dabei genötigt sehen, empfinden viele als Zumutung, wenn nicht als unzumutbar.

Nun möchte ich mich hier nicht zum wiederholten Male mit den Ursachen der radikalen Transformation unserer Gesellschaft auseinander setzen. Ich habe mich in meinem vorangegangenen Buch nach Kräften bemüht, die Antriebsdynamik der Veränderungsprozesse näher zu beschreiben: neue Technologien, Beschleunigung, Globalisierung, Politikschwäche, Veränderungen der Natur der Arbeit und der Arbeitsbeziehungen etc. Interessanter für den hier in Rede stehenden Zusammenhang, die Zukunft der Bildung, ist es meines Erachtens, den schon zu beobachtenden und den voraussichtlichen Auswirkungen des Wandels nachzuspüren.

Zu den für mich bedeutendsten Auswirkungen gehören die durch die Beschleunigung verursachten Ungleichheiten und Ungleichzeitigkeiten. Um ein Beispiel zu nennen: Auf der Ebene der wirtschaftlichen und politischen Organisation etwa ist ein zunehmendes zeitliches Ungleichgewicht zwischen den strategischen Zyklen der Planung einerseits und den produktiven Zyklen der Durchführung des Geplanten andererseits zu verzeichnen. Der strategische Horizont von Unternehmern und Politikern hat sich derart verengt, dass jede planerische Strategie nahezu obsolet geworden ist. In einer Art Teufelskreis muss heute gleichzeitig geplant und agiert werden, was für alle Beteiligten einschneidende Folgen hat. Die gewohnte Chronologie von aufeinander aufbauenden Arbeitsschritten und mit ihr die tradierten Formen der Arbeitsteilung sind nicht länger haltbar. Und von diesem Phänomen sind die Spezialisten und die Generalisten zunächst einmal auf ähnliche Art und Weise betroffen: die einen, weil ihre Kompetenzbereiche zu eng, die anderen, weil sie nicht mehr ausreichend profiliert sind.

Aus dieser Situation wäre in erster Linie der Schluss zu ziehen, dass diejenigen, die die Verantwortung für die strategische Planung tragen, und diejenigen, die für die Umsetzung zuständig sind, nicht mehr strikt arbeitsteilig auseinander dividiert werden dürfen. Darüber hinaus müssten alle in einem Arbeitszusammenhang Tätigen die Fähigkeit erlernen, Pläne und Zielvorgaben unter Umständen schnell zu ändern, um innerhalb einer gegebenen Frist abermals veränderten Anforderungen zu genügen. Ein derart hohes Maß an Flexibilität ist jedoch nur möglich, wenn die Mitarbeiter und Mitarbeiterinnen der Unternehmen und Institutionen als wirklich ernst zu nehmende und ernst genommene Größe in den gesamten Arbeitskomplex einbezogen werden. Anders formuliert: Die Menschen sollten, auch ihrem Selbstverständnis nach, stets zu Problemlösungen beitragen, als Problemlöser gelten und nicht selber zum Problem erklärt oder als Teil des Problems betrachtet werden.

Wie können wir uns einem Ziel nähern, das sich seinerseits bewegt, entfernt. Ganz einfach, indem wir erkennen, dass dieses Ziel nichts Ominöses, keine Naturgewalt ist, sondern dass wir es bestimmen, definieren, (fest-)setzen müssen. Was aber wäre zu tun, damit wir uns dem Wandel – skeptisch zwar, aber nicht von vornherein ablehnend – öffnen und uns, in diesem Sinne mitgestaltend, zu seinen Agenten machen? Wie können wir uns darauf vorbereiten? Wie können wir uns darin ausbilden? Eine erste allgemeine Antwort hierauf habe ich schon gegeben, und ich bleibe dabei: Um die heute notwendigen und für die Zukunft erforderlichen Fähigkeiten zu erwerben, müssen wir durchaus keine neuen Wege beschreiten; gefordert ist vielmehr etwas Altes, das wir in der Vergangenheit zu Unrecht missachtet, missverstanden und vernachlässigt haben: Bildung.

Aus Mangel klug

Der größte Teil des Menschen ist Tier; zur Humanität hat er bloß die Fähigkeit auf die Welt gebracht, und sie muss ihm durch Mühe und Fleiß erst angebildet werden.

JOHANN GOTTFRIED HERDER

Um sich der verlorenen Bildung, diesem »Alten«, wieder anzunähern, gilt es zunächst einmal, zwischen Kompetenzen und Verhaltensweisen zu unterscheiden. »Kompetenzen« bezeichnen ein Tun-können und technische Fertigkeiten, die wir mittels akademischer oder beruflicher Ausbildung und durch Erfahrung in der Arbeitspraxis erlangen. »Verhaltensweisen« bezeichnen ein Sein-können und geistige Einstellungen, die wir dadurch erlangen, dass wir unser Wissen in einen geistigen Kontext eingebettet sehen, dass unsere Fähigkeiten und Werte mit unserer Kultur und mit unserer Lebenserfahrung weitgehend in Übereinstimmung zu bringen sind.

Eine grundsätzliche Offenheit gegenüber dem Wandel ist nun in erster Linie zweifellos eine Frage von Einstellungen und Verhaltensweisen, nicht von Kompetenzen – deren Wichtigkeit ich hier allerdings keineswegs in Abrede stellen will; denn jeder Wandel bedarf in der Tat eines ausgewogenen Verhältnisses zwischen der Veränderung von Verhaltensweisen und der Entwicklung von operationellen oder technischen Kompetenzen. Dennoch:

Ohne Bildung, die uns das Sein-können lehren soll, ist alle Ausbildung, die uns das Tun-können lehrt, nichts. Ausbildung ohne Bildung führt zu Wissen ohne Gewissen. Die Bildung ist recht eigentlich das, was die Besonderheit des Menschen ausmacht, was ihn und sein Verhältnis zur Wirklichkeit buchstäblich prägt. Und diese Prägung vollzieht sich in einem umfassenden, vielschichtigen und nie abgeschlossenen Prozess, in dessen Ablauf etwa der reine Wissenserwerb nur eine Komponente unter vielen anderen darstellt.

Die Natur und die Notwendigkeit dieses Bildungsprozesses könnte ich nun, mit vielen Referenzen, seitenlang begründen und wahlweise wissenschaftlich oder theologisch untermauern. Am sympathischsten – und ebenso zutreffend wie andere Erklärungen – ist mir jedoch, vor allem wegen der erzählerischen Qualitäten, eine mythologische Variante, wie sie uns von Platon überliefert wurde. In einem Gespräch mit Sokrates über die Lehrbarkeit der Tugend und der Kunstfertigkeiten erzählt Protagoras, wie der Mensch, dem Schöpfungsmythos zufolge, sozusagen aus Versehen menschlich geworden ist: Die Halbgötter Prometheus und Epimetheus hatten bei der Erschaffung der Welt vom Göttergott Zeus den Auftrag erhalten, alle sterblichen Wesen mit den zum Überleben notwendigen Gaben und Kräften auszustatten. Sie begannen daraufhin beflissen, aber allzu forsch und großzügig bei den Tieren, gaben ihnen Stoßzähne, Hörner und Klauen, Panzer und Stachel, machten einige Furcht erregend stark und versahen andere mit Tarnmitteln oder besonderer Schnelligkeit für die Flucht. Als nun aber die Menschen an die Reihe kamen, waren alle Gaben bereits verteilt, und der Mensch musste hilflos, nackt, ohne Fell und Tarnung, ohne Flucht- und Angriffsorgane in die Welt gehen. Dem schnellen Untergang geweiht.

Das war den beiden Halbgöttern natürlich peinlich; nicht, dass ihnen die Menschen besonders Leid getan hätten, aber wie sollten sie ihr Scheitern vor Zeus rechtfertigen? Da kam Prometheus der rettende Gedanke: Er stahl den Göttern die Gaben des Hephaistos und der Athene, das Feuer und die Weisheit, und brachte beides den Menschen, damit sie ihre natürlichen Schwächen ausgleichen konnten: durch die Bildung und Verfeinerung ihres Geistes, durch Werkzeuggebrauch, die Schaffung von Institutionen, die Ausbildung von Sitten und Künsten, das heißt: durch Talente und Kräfte, die die Natur beziehungsweise die Götter dem Menschen nicht fertig mit auf den Weg gegeben hatten, sondern die er sich selber erst auf langen Lernwegen durch Erfahrung und Übung aneignen, von Generation zu Generation weitergeben und die er als Einzelwesen immer wieder neu erlernen muss. Der Mensch ist also gewissermaßen ein Mängelwesen; Kultur und Intellekt sind seine ihm aus der Not verliehene »zweite Natur«, die ihm allerdings nur als Anlage mitgegeben ist. Erst »Bildung«, das heißt die Formung und »Veredelung« dieser Anlage lässt ihn überleben und macht ihn schließlich sogar überlegen.

Was Protagoras in der Schilderung Platons als durch einen »Diebstahl« nachträglich ausgebügeltes Missgeschick der Götter charakterisiert, lässt sich selbstverständlich auch positiv wenden. So hat beispielsweise Johann Gottfried Herder denselben Sachverhalt später als eine Art göttliche Privilegierung aufgefasst: Der Mensch sei »der erste Freigelassene der Schöpfung; er steht aufrecht. Die Waage des Guten und Bösen, des Falschen und Wahren hängt an ihm: Er kann forschen, er soll wählen.« Aber hierzu muss er zuallererst instand gesetzt werden, denn »zur Humanität hat er bloß die Fähigkeit auf die Welt gebracht, und sie muss ihm durch Mühe und Fleiß erst angebildet werden«. Wie aber geht das? Welches sind, neben »Mühe und Fleiß«, die geeigneten Mittel, um das dem Menschen mitgegebene Potenzial optimal zur Entfaltung zu bringen?

Die anthropologische Grundthese von der Unfertigkeit des Menschen, die die Geschichte von der Antike bis in die Gegenwart in vielen Varianten durchzieht, ist somit der Ausgangspunkt für jeden Erziehungs- und Bildungsgedanken, ist der Beginn der Pädagogik – verstanden als Systematisierung und Kanonisierung von Erziehungs- und Bildungslehren. Das klingt zunächst einmal ganz unproblematisch, ist es aber durchaus nicht. Denn bereits an diesem Ausgangspunkt schieden sich schon immer und scheiden sich bis heute die Geister.

Auch der Herder'sche »Freigelassene« ist ja gar nicht frei; anstatt durch die Natur wird er durch Erziehung fremd bestimmt – die ja, das wird ein jeder schon erlebt haben, und zwar individuell wie kollektiv, durchaus Zwangscharakter haben kann. Wie passt das zusammen? Wie lässt sich, so hat schon Immanuel Kant gefragt, »die Unterwerfung unter den Zwang mit der Fähigkeit, sich seiner Freiheit zu bedienen, vereinen«? Denn Zwang sei, fährt Kant fort, nötig! Wie aber »kultiviere ich die Freiheit bei dem Zwange? Ich soll meinen Zögling gewöhnen, einen Zwang seiner Freiheit zu dulden, und soll ihn selbst zugleich anführen, seine Freiheit gut zu gebrauchen.« Wie kann ein Selbstbestimmungsanspruch erfüllt, wie können Freiheit und Autonomie hergestellt werden, wenn dieses Ziel der Erziehung von ihren Methoden derart konterkariert wird?

Selbst wenn ich Bildungstheoretiker, Pädagoge und Philosoph zugleich wäre – und ich bin ja bekanntlich nichts von alledem –, ich könnte diese Frage nicht beantworten. Die Antwort müsste gesetzt werden. Und darum geht es mir hier. Es geht darum, zu begreifen, dass der Grundkonflikt der Erziehung oder Bildung in einem endgültigen, objektiven Sinne nicht gelöst werden kann, sondern dass wir sowohl die Freiheit als auch die Verantwortung haben, um die »bestmögliche« Lösung zu ringen, sie zu definieren und in ihrer Gültigkeit stets aufs Neue zu überprüfen. Das wäre das Programm einer skeptischen Pädagogik, die keine ewigen Wahrheiten kennt, sondern sich selbst stets infrage stellt, ohne deshalb handlungsunfähig zu werden.

Ein solches Programm ist leicht dahingefordert, aber keineswegs leicht ins Werk gesetzt. Denn die konkreten Ziele und Methoden der Erziehung sind, das wissen wir auch aus eigener Erfahrung, sei es als Erzogene, sei es als Erziehende, äußerst wandelbar und variantenreich – sie sind auch im Alltag ein nie versiegender Quell elterlicher Gesprächsrunden. Manche verfechten einen enzyklopädischen Ansatz, meinen also, es gebe ein bestimmtes Quantum an Wissensinhalten, über das man zu verfügen, und an »Bildungsgütern«, die man sich anzueignen hätte; andere vertreten eine eher formale Bildungsvorstellung und stellen allgemeine Fähigkeiten in den Vordergrund, die sich in der alten, von Friedrich Schleiermacher geprägten Formel vom »Lernen des Lernens« zusammenfassen ließen; wieder andere legen ihr Hauptaugenmerk auf Einstellungen, Haltungen und Verhaltensweisen, möchten die Kinder also beispielsweise mit Bürgersinn, Zivilcourage und Verantwortungsbewusstsein ausgestattet sehen; und eine leider größer werdende Gruppe von Menschen kann als Zweck und Ziel der Bildung wohl nur noch die »Ertüchtigung« angeben, die Vorbereitung und Zurüstung auf den Existenzkampf unter Konkurrenzbedingungen, auf die erfolgreiche Durchsetzung im Markt der beruflichen und gesellschaftlichen Möglichkeiten.

Ich werde auf die teils berechtigten, teils problematischen Zielvorstellungen in den verschiedensten Zusammenhängen wieder zurückkommen, halte aber jede einzelne der genannten Auffassungen für unzureichend und für entsprechend ungeeignet, auch nur im Ansatz beschreiben zu können, was den Namen »Bildung« verdient hätte. Bildung lässt sich weder auf Wissen reduzieren noch auf Wissensaneignungstechniken noch auf reine Werteerziehung und schon gar nicht auf die Einpassung in die jeweils gegebene Realität; sie hätte all das gleichzeitig zu leisten und wäre im Resultat doch mehr als die Summe ihrer Teilbereiche, weil der derart Gebildete zugleich ein unverwechselbares, autonomes Individuum sein soll. Das ist sehr viel auf einmal und klingt nach der berühmten Quadratur des Kreises.

Und das Durcheinander geht noch weiter. Auf eine ähnliche Vielfalt und auf ähnliche Schwierigkeiten stößt man, wenn, anstatt nach den Zielen, nach den förderlichen Bildungsmethoden gefragt wird: Braucht das Kind strenge Führung oder weitgehende Freiheiten? Ist es eine Art *tabula rasa*, also ein unbeschriebenes oder kaum beschriebenes Buch, dessen Seiten nun von den Erwachsenen nach deren Vorgaben beschrieben und von der Um- und Mitwelt illustriert werden müssen? Oder ist es wie eine keimende Pflanze, deren organisches, selbständiges Wachstum nur mittelbar, durch Hege und Pflege, durch die Schaffung bestmöglicher Wachstumsbedingungen gefördert werden kann?

Wie aber ließen sich bei strenger Einflussnahme, also im Füll- und Beschriftungsvorgang der ersten Variante, Vernunft und Freiheit, Selbstbewusstsein und Autonomie stiften? – so hatte ja schon Kant gefragt. Und wie brächte man das Kind in der zweiten Variante dazu, die von uns bei aller Anerkennung seiner Individualität dennoch für notwendig erachteten Kenntnisse und Fertigkeiten zu erwerben, zu deren mühsamem Erwerb es aber möglicherweise nicht die geringste Neigung verspürt? – so fragen etwa die Gegner einer Laisser-faire- oder gar einer antiautoritären Erziehung.

Es wäre anmaßend, ja größenwahnsinnig, würde ich nun behaupten oder auch nur die Hoffnung nähren wollen, ich notierte diese Fragen hier deshalb auf, weil ich mir vorgenommen hätte, alle bisherigen Geistesgrößen in den Schatten zu stellen und endlich Antwort zu geben. Nein, ich denke, es gibt, wie gesagt, keine eindeutige oder gar endgültige Antwort. Und dennoch sind die Fragen wichtig, ja unverzichtbar. Es sind die Grundfragen, mit denen ein Nachdenken über Bildung und damit die

Bildung selbst einzusetzen hat und deren punktuelle, von zeitlichen, räumlichen und gesellschaftlichen Bedingungen abhängige Beantwortung eine konkrete Erziehungsauffassung und Bildungspraxis prägt. Nun gibt es, wie wir gesehen haben und aus eigener Anschauung kennen, sehr unterschiedliche Erziehungsauffassungen, eine überbordende Vielfalt an Stilen und Zielen. Heißt dies, dass heute gleichzeitig ganz verschiedene Antworten auf die oben gestellten Fragen gegeben werden?

Ich fürchte, nein, auch wenn es uns so scheinen will. Zwar sind ganz unterschiedliche Antworten denkbar und auch plausibel – ich werde gleich noch einmal beispielhaft darauf zurückkommen –, doch die zur Zeit herrschende bunte Vielfalt spiegelt in meinen Augen eher eine schwere Orientierungsarmut wider und scheint mir daher zu rühren, dass die entscheidenden Fragen gar nicht mehr ernsthaft gestellt werden. Es wäre deshalb gerade in der gegenwärtigen Debatte äußerst ratsam, an diesen Ausgangspunkt gedanklich zurückzukehren. Denn die meisten der mir bekannten Reform- und Verbesserungsvorschläge – Lehrer in die Produktion, Schüler ans Netz, bedarfsgerechte Ausbildung etc. – leiden an starker Kurzsichtigkeit; ihre Autorinnen und Autoren sehen eben nicht weit genug zurück und können deshalb auch vorn häufig nur die eigene Nasenspitze erkennen, vielleicht noch das nächste Wahllokal.

Wir scheinen nicht mehr zu wissen, nicht einmal mehr wissen zu wollen, was wir eigentlich tun. Und warum. Noch vor nicht allzu langer Zeit war das anders; ich schreibe ganz bewusst nicht, dass es »besser« gewesen wäre. In jeder Gesellschaft wurde nach einer Art Grundkonsens gesucht, nach einem existenziellen Minimum an gemeinsamen Vorstellungen über Vergangenheit, Gegenwart und Zukunft. Erst ein solcher Konsens bot und bietet die Gewähr dafür, dass eine Gesellschaft als Ganzes – trotz aller erlaubten und unerlaubten Abweichungen – handlungs- und gestaltungsfähig ist.

Die auf dieser Grundlage definierten Ziele, die man beispielsweise der Erziehung setzte – ob sie uns Heutigen nun zusagen oder nicht, ist im Moment nicht wichtig – spiegelten die jeweilige gesellschaftliche Vorstellung vom idealen Erwachsenen wieder. Das heißt, die Antwort auf die Frage, worin Bildung bestehen solle, wer und von wem und auf welche Weise zu bilden sei, hing und hängt entscheidend vom vorherrschenden »Menschenbild« ab. Und das vorherrschende Menschenbild hat nichts von einem »Abbild«, ist nicht die Summe all der Eigenschaften, die meine Zeitgenossen an den Tag legen. Gott bewahre! Es ist vielmehr ein Wunschbild, ein Ideal, an dem wir die Zukunft ausrichten wollen; es soll Maß geben; es ist die Summe all der menschlichen Wesenszüge, Eigenschaften, Fähigkeiten, die wir für wert halten, sie aus Vergangenheit und Gegenwart in die Zukunft mitzunehmen, sie hinüberzuretten.

So verstanden, ist die Zukunft für uns letztlich immer nur als Vergangenheit in den Blick zu nehmen. Erst die Kenntnis und das Verständnis der eigenen Vergangenheit, der kulturellen, politischen, sozialen Geschichte – auch dies Bestandteil und Resultat von Bildung –, versetzt uns überhaupt in die Lage, vorauszublicken und dort etwas zu sehen. Denn Zukunft ist immer Projektion, genauer, auf Projektionen beruhende Vision. Und gerade in dieser Hinsicht halte ich uns für gefährlich gegenwärtig, für »zukunftslos«. Sicherlich, jeder Einzelne hat seine Ziele, Pläne, Ideale, vielleicht sogar Visionen, aber ich kann kein gemeinsames Ideal mehr erkennen, an dem wir unser Handeln gemeinsam ausrichten würden. Wir sind stattdessen, und zwar jeder für sich, viel zu sehr mit unserer Gegenwart beschäftigt, die wir auf eigentümliche Weise als bedrohlich zukünftig empfinden, weil sie uns enteilt zu sein scheint. Ich hielte es deshalb für weitaus angemessener und für sehr viel weniger larmoyant, wenn wir uns, anstatt gebetsmühlenartig über den »Terror der Ökonomie« zu klagen, mit dem meines Erachtens umfassenderen und folgenschwereren »Terror der Gegenwart« beschäftigen würden – auch selbstkritisch. In diesen Terror ist die Ökonomie immer schon mit eingelassen.

Wir planen nicht mehr, und schon gar nicht gemeinsam. Wir reagieren nur noch, passen uns an und versuchen, mehr schlecht als recht, auch die Bildung den sich verändernden Bedingungen und Anforderungen anzupassen: Das Internet wird immer wichtiger – also müssen die Schulen ans Netz; die Wirtschaft wird immer dominanter – also muss mehr Wirtschaft in die Schulen; und so weiter und so fort. Nun bin ich wirklich kein Feind des Internet, und gegen wirtschaftliches Denken und Handeln habe ich gleich gar nichts. Dennoch will es mir so vorkommen, als stolperten wir derzeit recht ziel- und planlos einer scheinbar eigenmächtigen Entwicklung hinterher. Fragt eigentlich noch irgendjemand ernsthaft nach dem »Wozu«? Und nach dem »Wohin«?

Wozu das alles? Zu nichts!

Das Ziel der Erziehung (...) muss die Formung von Herz, Urteilskraft und Verstand sein, und das in dieser Reihenfolge. Die meisten Lehrer (...) betrachten den Erwerb und die Ansammlung von Wissen als die einzige Aufgabe einer glanzvollen Erziehung und bedenken nicht, dass oftmals ein gelehrter Tor törichter ist als ein unwissender.

JEAN-JACQUES ROUSSEAU

»Worauf bereiten Sie diesen Jungen vor?«, fragt ein Vorübergehender Émiles Hauslehrer. »Leben ist das Handwerk, das ich ihn lehren möchte. Aus meinen Händen entlassen, wird er, das räume ich gern ein, weder ein hoher Beamter noch ein Soldat noch ein Priester, er wird in erster Linie Mensch sein, im Dienste der Dinge ebenso wie im Dienste anderer Menschen. Er wird auf seinem Platz stehen, und das Schicksal wird vergeblich versuchen, ihm einen anderen zuzuweisen.« Die berühmte Antwort von Jean-Jacques Rousseau, das alte humanistische Manifest der Erziehung, ist heute so modern wie ehedem. Je weniger spezialisiert einer ist, desto offener ist er für das Menschliche – und für das Unvorhergesehene. Der Generalist, egal ob Manager, Angestellter, Forscher, Bischof oder Saxofonist, ist zuallererst seiner menschlichen Eigenschaft, dem Humanen, verbunden. Der so gebildete Mensch steht immer auf seinem Platz, auch wenn die Umstände eine Ortsveränderung mit sich bringen. Glück und Wohlstand ziehen im Gefolge nach. Es ist der Mensch, der sich seinen Platz schafft.

»Was suchen Sie genau?«, fragt der Headhunter einen Personalchef. »Den passenden Mann« – die passende Frau wird bekanntlich immer noch selten gesucht – »für meine offene Stelle.« In einer Organisation, in der alles System ist, entspricht jeder provisorische oder dauerhafte Arbeitsplatz einem detaillierten Pflichtenheft; die vorgegebenen Anforderungen sind die entscheidenden Kriterien bei der Auswahl des geeigneten Bewerbers: gelernte und ständig à jour gehaltene Kompetenzen, die Akzeptanz der bestehenden hierarchischen Struktur, die reibungslose und effiziente Erfüllung der definierten Aufgaben sowie die Verknüpfung mit den Aufgaben der anderen usw. Und wenn man für einen gegebenen, genau definierten Aufgabenbereich, für den »richtigen Platz« eben, den richtigen Mann gefunden hat, dann wird alles gut: Glück und Wohlstand ziehen im Gefolge nach. Es ist der Platz, der sich seinen Menschen schafft.

Sucht der Mensch sich seinen Platz, oder ist er umgekehrt ein Produkt seines Platzes, ein Spielball der sich wandelnden Umstände und Anforderungen? Diese Frage ist ewig aktuell, und jede eindeutige Antwort hat sich bislang als falsch erwiesen. Ein individueller Lebensentwurf ist immer eine Mischung aus Selbst- und Fremdkreation, die Selbstbestimmung stößt dort an ihre Grenzen, wo die Möglichkeiten, eigene Vorstellungen praktisch umzusetzen, eingeschränkt sind. Und das wird, solange es mehr als einen Menschen auf dieser Welt gibt, immer der Fall sein: Autonomie besteht dann allenfalls, beziehungsweise immerhin, in der eigenmächtigen Wahl zwischen vorgegebenen Optionen. Insofern könnte man das Rousseau-Modell als »ideal«, meinetwegen auch als »romantisch«, und das Headhunter-Modell eher als »real« – oder eben als gegen-romantisch, als »rationalistisch« – charakterisieren.

Der Sinn einer solchen Entgegensetzung, die natürlich stets auf unzulässiger Vereinfachung beruht, besteht nun aber keineswegs darin, eine Entweder-oder-Entscheidung zu treffen. Ich beeile mich deshalb gern, ausdrücklich zu betonen, dass das Attribut »romantisch« für mich nichts Abwertendes enthält – für das Attribut »rationalistisch« käme mir das nicht mit gleicher Entschiedenheit über die Lippen. Nein, ganz unterschiedliche, scheinbar konkurrierende Auffassungen gegeneinander zu stellen, hilft beim Denken. Wollte ich das Reale, das Vernünftige leugnen oder ablehnen, wäre ich kein Romantiker, sondern schlicht verrückt. Verfüge ich aber über kein Ideal mehr, nach dessen Maßstab ich das, was ist, bewerten und unter Umständen verändern kann, wäre ich ohnmächtig und würde vermutlich ebenfalls verrückt werden.

Ein solcher Maßstab ist mehr als ein Korrektiv. Er ist eine treibende Kraft, ein Motor für Veränderungen. So war auch das Rousseau'sche Ideal von der Selbsterschaffung und Selbstentfaltung des Menschen nicht schlicht und stur gegen die Vernunft als solche gerichtet, sondern gegen die Einseitigkeit der Vernunft, gegen die bloße Akzeptanz des Bestehenden. Rousseau war ein Aufklärer im besten Sinne; es ging ihm um die Selbstaufklärung des Denkens, denn er war überzeugt davon – und die Geschichte sollte ihm ja auf hässliche Weise Recht geben –, dass eine von Intuition, Emotionalität und Mitmenschlichkeit nicht begleitete und nicht gemilderte Vernunft gefährlich wird. Und auf der Grundlage dieser Überzeugung legte er ein bahnbrechendes Erziehungskonzept vor.

Sein Buch »Émile oder über die Erziehung«, das im Jahre 1762 erschien, war eine Sensation. Und es versetzte nicht nur seine Zeitgenossen in Aufruhr, sondern sollte auch das künftige Denken über die Erziehung in einem Ausmaß verändern wie wohl keine andere Schrift davor und danach. Das Neuartige an seinem Ansatz war die Berufung auf den Menschen selbst, auf seine innere Natur, auf seine Gefühle, die sich am besten von allein entfalten würden, und auf seine Erfahrungen, die er sich, möglichst abgeschirmt von schlechten gesellschaftlichen Einflüssen und unter »natürlichen« Bedingungen, selbsttätig aneignen solle: Der erdachte Zögling Émile, der fern der verderbten Gesellschaft – begleitet nur von seinem weisen Erzieher – auf dem Lande aufwächst, erwirbt sich alles Können und Wissen zunächst im selbsttätigen Umgang mit den Dingen, bis er, erst nach der Pubertät, auch eine vorsichtig dosierte »positive«, das heißt belehrende Einführung in die Welt und die Gesellschaft erhält: erst »Herz und Urteilskraft«, dann »Verstand«.

Ich werde wohl kaum beteuern müssen, dass ich hier nun nicht ein daran streng angelehntes Bildungsmodell propagieren möchte: Schickt Eure Kinder, wie Daniel Defoe seinen *Robinson Crusoe,* auf eine einsame Insel, bis sie reif genug sind für alle weiteren Belehrungen! Und ich bin mir recht sicher, dass auch Rousseau das nicht im Sinn hatte. Gleichwohl ist sein Erziehungsprogramm zu einer Art Grundbuch der Pädagogik geworden, weil er darin gerade durch Überzeichnungen Aufgaben und Verantwortlichkeiten zu Bewusstsein gebracht hat, die noch heute als gültig anerkannt, die aber nicht mehr angemessen wahrgenommen werden. Rousseau und die europäische Aufklärung insgesamt haben Bildung als Menschenrecht begründet und sie auf die Emanzipation des Individuums verpflichtet, auf die Entfaltung des Einzelnen und seiner ihm eigenen Fähigkeiten zu Vernunft, Gefühl und Verantwortung, zu Selbstbestimmung und Solidarität.

Vermutlich wird jeder einem solch hehren Programm, jedenfalls solange es mit derart allgemeinen Zielvorgaben vorgetragen wird, uneingeschränkt zustimmen können. Wer wollte nicht das Beste für seine Kinder? Wer wollte sie nicht zu Vernunft, Gefühl, Selbstbestimmung und Verantwortung erziehen? Dennoch liegt der Rousseau'schen Erziehung offenkundig – der Widerspruch bleibt jedoch zumeist unbemerkt – ein Bildungsbegriff zugrunde, der mit unserem durchaus nicht übereinstimmt und nach dem die Bildung primär als Selektions- und Differenzierungsmedium zu fungieren habe, mit dessen Hilfe Status und Beschäftigung, Geld und Macht zugewiesen werden. Unser Schulsystem beispielsweise soll doch in erster Linie sortieren, die Spreu vom Weizen trennen, die Vorauswahl für den Arbeitsmarkt treffen. Es dient nur noch sehr mittelbar der Emanzipation, und für die Entfaltung des Einzelnen ist in unseren Unterrichtsschulen ganz gewiss kein Platz. Wie aber ließe sich das eine mit dem anderen zusammenführen? Und ist eine solche Synthese in der Vergangenheit überhaupt schon einmal geglückt?

Als der Genfer Bürger und Humanist Rousseau in der zweiten Hälfte des 18. Jahrhunderts die »gebildete«

Öffentlichkeit mit seinen revolutionären Ideen aufschreckte, wurden bald darauf in Deutschland die ersten »realen Schulen« eröffnet, deren Gründer sich als Philanthropen und Unternehmer zugleich verstanden. Ihr erklärtes Ziel war – schon im Sinne Rousseaus – der Umgang mit den Dingen und nicht die Auseinandersetzung mit den Wörtern, wie sie den Schulalltag seit dem christlichen Mittelalter bestimmt hatte.

Das sah die Kirche in ihrer ultimativen Fixierung auf die »Heilige Schrift« natürlich mit Argwohn. Schon einige Jahrhunderte zuvor hatte der heilige Bernhard von Clairvaux über die »neuen Intellektuellen« geschimpft, die, ganz vereinzelt noch, ab dem 12. Jahrhundert »außerhalb der Klosterschulen und Kathedralen in den Städten Schüler unterrichten, von denen sie eine Bezahlung erhalten, die collecta«. Wohl eher um das Monopol der Kirche als um das Seelenheil der Kinder besorgt, geißelte Clairvaux diese unautorisierten »Lehrer« als »Wortverkäufer und Worthändler« – und stellte sie den Wucherern, also Todsündern, gleich. Denn auch die Wissenschaft gehöre, wie die Zeit, mit der die Wucherer handeln, »niemand anderem als Gott«.

Diese Auffassung blieb lange mächtig. So war die mittelalterliche »Schola«, eine reine Lateinschule, im Grunde genommen nichts anderes als eine Rekrutierungsinstanz der Kirche für den Nachwuchs der Kleriker. Elementarbildung gehörte nicht zu ihren Aufgaben, sondern war Sache der Familie. Das Lernen geschah im Hören und Repetieren lateinischer Worte, beim Singen von Liturgien und Auswendiglernen von Psalmen. Selbst dort, wo sich die Schule volkstümlicher gab, blieb sie kirchliche Mission und ähnelte eher einem Erbauungszirkel oder einer Zuchtanstalt als einer Bildungseinrichtung. Im Wesentlichen ging es darum, das verführbare, sündige, den Eingebungen »des Bösen« ausgesetzte Kind zur »wahren Gottseligkeit« hinzuführen.

Forderungen nach »naturgemäßem« Lernen, muttersprachlichem Unterricht für alle und einer breiteren Auswahl der gewünschten Lerninhalte, wie sie von Einzelnen seit längerem erhoben worden waren, konnten sich erst im 17. Jahrhundert allmählich Gehör verschaffen. Und das war ganz sicher nicht in erster Linie humanistischer Einsicht geschuldet, sondern entsprang sich verändernden Notwendigkeiten, denn mit den Kreuzzügen war man ins Zeitalter der Globalisierung eingetreten. In der Verwaltung, im Rechtsverkehr und vor allem im sich rasch entwickelnden Handel nahm der Bedarf nach alphabetisierten und elementar gebildeten Arbeitskräften so sehr zu, dass das Monopol des Klerus nicht länger zu halten war. Nach und nach setzte sich ein so genannter pädagogischer Realismus durch. Bildung geriet zunehmend in den Blick des Staates, wurde zum »Standort-Faktor«.

Ein kurzer Zwischenstopp: Bevor nun einige mir ansonsten geneigte Leser in leichte Ungeduld verfallen und sich zu fragen beginnen, was der Goeudevert hier treibt, er soll doch bei seinen Leisten bleiben, will ich es lieber kurz erläutern. Denn da ich mich nicht als geübten und souveränen Autor betrachte, halte ich es für möglich, dass sich mein Vorgehen nicht, wie es sein sollte, aus sich selbst erklärt. Bitte um Nachsicht. Ich halte es aber für nötig, zumindest an einige Stationen der his torischen Entwicklung zu erinnern, nicht um zu demonstrieren, dass ich mich über die Geschichte der Pädagogik ein wenig kundig gemacht habe – und nun die eine oder andere Lesefrucht zum Besten gebe –, sondern um zu zeigen, dass wir uns heute in einem grundsätzlichen Sinne weder in einer besonderen noch in einer besonders dramatischen Situation befinden. Das Problem, vor dem wir stehen, ist ein altes. Wir scheinen allerdings ein wenig die Orientierung verloren zu haben, die wir, darauf baue ich jedenfalls, in der Rückschau wiederzugewinnen hoffen können. Auch das wäre Bildung, die eben, und das lässt sich im Rückblick lernen, etwas anderes und weit mehr ist als die uns bekannten und heute praktizierten Belehrungsformen: Schul-, Aus- und Weiterbildung. Aber keine Sorge! Ich werde recht schnell wieder in der Gegenwart ankommen – hoffentlich mit hilfreichem Gepäck.

Zurück zum »pädagogischen Realismus«: Der wohl berühmteste Vertreter dieses bedeutenden Wandels war der tschechische Theologe und »Volkserzieher« Johann Amos Komensky, genannt (lateinisch) Comenius. Er war vielleicht der Erste, der eine allgemeine »Schulreform« einforderte, aus der interessanterweise einige Elemente, anders formuliert, auch heutigen Reformkonzepten noch gut zu Gesicht stünden. Sein im Jahre 1657 erschienenes Hauptwerk »Didactica Magna« handelt ganz unbescheiden von der »vollständigen Kunst, alle Menschen alles zu lehren«. Comenius fordert darin, »in allen Gemeinden, Städten und Dörfern (…) Schulen zu errichten, in denen die gesamte Jugend beiderlei Geschlechts ohne jede Ausnahme *rasch, angenehm und gründlich* in den Wissenschaften gebildet, zu guten Sitten geführt (...) und zu allem, was für das heutige Leben nötig ist, angeleitet werden kann«; in diesen Schulen sollten darüber hinaus »kein Überdruss und unnütze Mühe« herrschen, sondern »Freiheit, Vergnügen und wahrhafter Fortschritt« – ein für die damaligen, ja selbst noch für heutige Verhältnisse geradezu revolutionäres Programm.

Comenius war seiner Zeit weit voraus, hat aber zweifellos nicht unerheblichen Anteil an den dann erst im 18. Jahrhundert erfolgenden entscheidenden Weichenstellungen. Der von Rousseau ausgehende, von Johann Gottfried Herder, Johann Heinrich Pestalozzi – dem »Vater der Volksschule« – und vielen anderen verstärkte neue pädagogische Wind bläst nun spürbar durch die alten Bildungslandschaften. Neue Schulformen, etwa die eben schon erwähnten »realen Schulen«, entstehen, in denen sich die neuen Leitformeln der Zeit – Aufklärung, Bildung, Humanität – gleichsam zu materialisieren versuchen. Schluss mit dem lateinischen Wortwissen ohne Bezug zur Wirklichkeit des Lebens! Schluss mit den haarspalterischen Debatten über das Geschlecht der Engel! Schluss auch mit schulmeisterlichem Gehabe und affektierter Gelehrsamkeit! Aufbruch, Sturm und Drang! Von nun an sollte es endlich um die Kinder selbst gehen, sie sollten nicht mehr Mittel, sondern Zweck sein und sich in den neuen Bildungseinrichtungen eigenmächtig, das heißt unter dezenter Anleitung, zur vollen Entfaltung bringen.

Zu schön, um wahr zu sein. Tatsächlich wurde wieder mal nichts daraus. Denn etwa zur gleichen Zeit, just in dieser experimentierfreudigen Aufbauphase, kommt noch ein weiterer, ungleich stärkerer Sturm auf, der den pädagogischen Wind sozusagen einholt, ihn aufwirbelt, einsaugt und das neue Bildungsideal sogleich wieder auf etwas anderes, auf Wissen und Kompetenzen, umzulenken und zu reduzieren droht. Die industrielle Revolution setzt ein und entwickelt rasant eine ungeheure Gefräßigkeit nach zunächst einfach ausgebildeter, nach angelernter Arbeitskraft. Das löst einen gewaltigen »Ausbildungsboom« aus – allerdings auf sehr niedrigem Niveau und, wie sollte es anders sein, auf Kosten der gerade als wertvoll entdeckten »allgemeinen Menschenbildung«; die musste nun, angesichts praktischer Erfordernisse, zurückstehen, bleibt aber als heimliches Ideal für lange Zeit ein wichtiger Orientierungspunkt.

Beispielhaft hierfür, für das Ideal wie für sein Scheitern, steht der Name Wilhelm von Humboldt. Seine Bildungsreform gilt nach wie vor als *die Reform* schlechthin, und die von ihm zu Beginn des 19. Jahrhunderts gegründete Berliner Universität ist weltweit zum Vorbild geworden. In Anknüpfung an Rousseau, Herder und Pestalozzi bestand Bildung auch für Humboldt in der Anregung aller, nicht nur der geistigen Kräfte eines Menschen, »damit dieser sich über die Aneignung der Welt in wechselseitiger Ver- und Beschränkung harmonisch-proportionierlich« entfalte und »zu einer sich selbst bestimmenden Individualität und Persönlichkeit« entwickle, »die in ihrer Idealität und Einzigartigkeit die Menschheit« bereichere. Abermals schöne Worte, die in ihrer Vagheit jedoch wiederum mehr Fragen aufwerfen, als Antworten geben.

Aber Wilhelm von Humboldt war keineswegs nur ein

intellektueller Schöngeist; er war ebenso ein Mann der Tat, er wollte Antwort geben – und sollte hierfür auch ausreichend Gelegenheit bekommen. Unter Friedrich Wilhelm III. wurde der Gelehrte, der selbst nie eine Schule besucht und aus seiner Geringschätzung öffentlicher Lehranstalten bis dahin keinen Hehl gemacht hatte, preußischer Unterrichtsminister. In dieser Funktion konzipierte Humboldt dann, um seinen Bildungstraum Realität werden zu lassen, ausgerechnet das einheitliche staatliche Bildungswesen – mit seinen damals drei Säulen: der Elementarschule, die, den Ideen Pestalozzis folgend, der allgemeinen Bildung dienen sollte, dem selektiven Gymnasium mit der neu eingeführten Abiturprüfung als Zulassungsfilter für ein Hochschulstudium und schließlich die damals viel gelobte deutsche Universität, die nicht dem Beruf, sondern dem freien forschenden Lehren und Lernen gewidmet sein sollte, obwohl sie faktisch Staatsdiener ausbildete. Wie die Geschichte weiterging, ist uns bekannt; wir befinden uns noch mittendrin. Nicht Humboldts Traum wurde Realität, sondern lediglich die Vereinheitlichung und Verstaatlichung des Bildungswesens, die ich für die heutige Bildungsmisere mitverantwortlich mache. Ich werde darauf zurückkommen.

Noch schneller als der Staat erkannte, wie immer, das wirtschaftliche Establishment die Zeichen der neuen Zeit. Als Erstes reagiert das aufstrebende Bürgertum und gründet eigene, elitäre Berufsschulen, in denen die Sprösslinge der neuen, durch Bildung, Rang und Vermögen ausgezeichneten Oberschicht eine Ausbildung erhalten, die sie für Führungsaufgaben in den neuen

Industrien qualifizieren soll. Dagegen regt sich bald berechtigter Widerstand. Denn das politische Bewusstsein der Menschen in Europa hatte sich durch eine gerade erst abgeebbte Revolutionswelle nachhaltig verändert; erst 1848 war in Frankreich die Republik ausgerufen und eine provisorische Regierung aus Republikanern und Sozialisten gebildet worden; überall in Europa, außer in England und Russland, brachen daraufhin die später als »Märzrevolution« bezeichneten Aufstände gegen die Obrigkeit und ihre Privilegien aus, in deren Verlauf reformfreudige, an den Idealen der Französischen Revolution – Freiheit, Gleichheit, Brüderlichkeit – orientierte Kräfte an Einfluss gewannen.

Die Menschen waren mutiger geworden. So wurden auch die neuen Privilegien der durch die rasche Industrialisierung entstandenen neuen Oberschicht nicht mehr untertänigst hingenommen. Haben nicht alle, ob reich oder arm, das gleiche Anrecht auf Modernität, Fortschritt und Wissen? So fragten die einen, die vor allem für Gleichheit und Brüderlichkeit eintraten, während die anderen, für die Freiheit und Fortschritt im Vordergrund standen, pragmatisch hinzufügten: Und ist der Bedarf nach qualifizierter Arbeit in den explosiv wachsenden Industrien nicht so groß, dass zu seiner Deckung die überschaubare Schar der Bürgersöhne unmöglich ausreicht?

Diese zweite Frage scheint von größerer Alarmierungskraft gewesen zu sein. Jedenfalls sieht sich bald auch der Staat – primär aus »Standort-Erwägungen«, würde man heute sagen – zum Handeln gezwungen. Im Jahre 1884 fordert beispielsweise der freisinnige Vorsitzende des Erziehungsdepartements der Stadt Genf vor dem Lehrerkongress der französischen Schweiz den freien Zugang zur Fachausbildung für alle. Sein Vorstoß ist allerdings auch innerhalb der eigenen Partei zunächst heftig umstritten. Die Initiative des Vorsitzenden sei, so die vermutlich verlogenen Einwände derer, die in Wahrheit nur um die Privilegien für ihresgleichen fürchteten, nichts anderes als ein Attentat auf die Kultur.

Wie wir inzwischen wissen, hat das Attentat stattgefunden, und es hätte kaum »erfolgreicher« sein können. Fachausbildung wird nicht nur für alle frei zugänglich, sie erhält das uneingeschränkte Primat. Gelehrsamkeit und klassische Bildung treten gegenüber dem Nützlichen und unmittelbar Erforderlichen in den Hintergrund. Wozu Homer, um Buchhalter und Vorarbeiter auszubilden? Wozu Horaz ins Pflichtenheft werdender Ingenieure und kaufmännischer Direktoren? Wozu dieser ganze Ballast, dessen Aufnahme nur Zeit kostet und nichts einbringt? Und in der Tat konzentriert sich die institutionalisierte Bildung von Beginn an auf die Integration der jungen Menschen in die neuen Zwänge, obwohl sich ihr Gründungsakt unzweifelhaft dem emphatisch auf die freie Entfaltung der ganzen Persönlichkeit angelegten Bildungsbegriff der sich durchsetzenden bürgerlichen Gesellschaft verdankt.

Zwischen diesen beiden Polen, zwischen dem Katzengejammer der Allgemeingebildeten und dem Realismus der Fachleute, wurde seit dem 19. Jahrhundert und wird bis heute nach der Zauberformel gesucht. »Wozu das alles?«, bohren die einen. »Zu nichts!«, tönt es aus dem Kreis der anderen zurück, »denn schon das griechische

Wort scholé bedeutet nichts anderes als Muße, freie Lernzeit ohne die Fesseln zukünftiger Aufgaben« – Selbstfindung, Reifung, Persönlichkeits- und Charakterbildung. Hierfür scheinen aber die öffentlichen Erziehungsinstitutionen nicht das geeignete Forum zu sein.

So schließt sich der Kreis. Vor derselben Situation, wenn auch unter veränderten Bedingungen, stehen wir im Grunde nach wie vor. So oder ähnlich fragen auch heute noch die Experten, so oder ähnlich antworten bis heute viele Pädagogen und Generalisten. Und sowohl die Frage wie auch die Antwort, das ist ja die Crux, sind berechtigt. Ja, die Lösung des Problems, wenn man denn sinnvoll von einer Lösung sprechen kann, besteht gerade in dieser unbequemen doppelten Legitimität, die es auszuhalten, aber auch auszufüllen gilt. Und beide Aufgaben müssen, als wären die Dinge noch nicht kompliziert genug, in den verschiedenen Stadien der Bildung auch noch unterschiedlich dosiert werden.

Das ist schwer genug. Weiter erschwerend kommt aber noch hinzu, dass die Möglichkeiten und die Bereitschaft, sich dieser doppelten Herausforderung zu stellen und neben den intellektuellen auch die schöpferischen und sensitiven Fähigkeiten zu fördern, in dem Maße geringer geworden sind, in dem das Wissen zugenommen hat und die Qualifikationsanforderungen, der Bedarf an immer spezielleren Kompetenzen und Fachkenntnissen entsprechend gestiegen sind – und das heißt: dramatisch.

Je komplexer die Aufgabe der Vorbereitung auf den Arbeitsmarkt, je größer also der Ausbildungsanteil schon in der Erziehung und erst recht in der Schule, desto weniger Bildung ereignet sich. Und das schadet ironischerweise am Ende auch und gerade jenen Agenturen, zu deren Bedarfsdeckung man das Bildungs- und Ausbildungswesen derart zugerichtet hat: der Wirtschaft, der Verwaltung, den Institutionen.

Zwar hat der ganzheitliche Bildungsbegriff als Ideal überlebt und wird auch heute noch in flammenden Appellen bei jeder passenden und unpassenden Gelegenheit – und sei es ein Regierungsprogramm – beschworen. In der Praxis hat er jedoch nahezu jede Bedeutung eingebüßt. Das hat zahlreiche Gründe, durchaus auch objektive, das heißt vernünftig nachvollziehbare. Und dennoch ist dieser Bedeutungsverfall nicht unabwendbar. Wer ihn aufhalten und der Bildung den Platz in der Gesellschaft zuweisen will, der ihr gebührt, wer also erkannt hat, dass die Erziehungs- und Bildungspraxis durch das verändert und angereichert werden muss, was im ganzheitlichen Bildungsideal bislang ein allenfalls akademisches Dasein fristet, der ist gut beraten, sich vorher gewissenhaft umzusehen – in den karg gewordenen Landschaften des Wissens.

Eine solche Reise in die real existierende Bildung wird uns viele der zur Zeit gehandelten »Bildungsvorstöße« und Reformvorschläge als wohlfeil und kurzsichtig erkennen lassen, uns zugleich aber lehren können, was stattdessen zu tun wäre. Denn erst wenn es uns gelingt, ein vernünftiges Mischungsverhältnis aus »allgemeiner, ganzheitlicher Menschenbildung« und pragmatischer »Ertüchtigung«, aus tradierten Idealen und aktuellem Kompetenzbedarf zu finden, werden wir den anstehenden Veränderungen und Herausforderungen des 21. Jahrhunderts verantwortlich gewachsen sein.

Landschaften des Wissens:
eine Bildungsreise

» Was bildet den Menschen?« Stellte mir jemand
diese Frage, ich antwortete, ohne zu zögern und
mit dem – seltenen – Gefühl, etwas unanfechtbar
Richtiges zu sagen: »Alles!« – Alles, selbst wenn
es langweilt oder gleichgültig lässt oder
abschreckt (...). Alles, weil der Mensch ein –
wundersam und abscheulich – plastisches Wesen
ist (...) Anders als die übrige Kreatur ist er fast
unbegrenzt auf Formung angelegt. Ist diese
gewollt, nennt man sie Bildung.

HARTMUT VON HENTIG

Wer einen Mangel an Bildung beklagt, darf nicht nur über
Schule, Ausbildung und Beruf sprechen. Die »gewollte
Formung«, die man Bildung nennt, setzt viel früher ein
als die Schule, und sie hört ein Leben lang nicht mehr auf.
Und, machen wir uns nichts vor, die »gewollte Formung«
zielt keineswegs immer auf »Veredelung«, sie besteht
nicht nur, nicht einmal in erster Linie in der direkten
Unterweisung durch kluge und wohlmeinende Eltern,
Lehrer oder Ausbilder. Sie kann auch Abrichtung sein
oder Verführung, sei es zum Konsum bestimmter Güter
und Dienstleistungen, sei es zur Gefolgschaft.

Außerdem vollzieht sich die »gewollte Formung«,
auch wenn dies absurd klingen mag, zu großen Teilen
unvermittelt, sozusagen ungewollt. Das heißt, auch die
Dinge, die Umstände – die natürliche, soziale und politische Umwelt – bilden. Sie sind, als geronnenes Wissen,
der heimliche Lehrplan der Kultur. Wahrscheinlich ler-

nen wir mehr durch diese Dinge als über sie, wir finden sie vor, passen uns ihnen an oder ändern sie – und kommen so zu unserer eigenen Geschichte.

»Wir haben also dreierlei Lehrer«, schrieb schon Jean-Jacques Rousseau: »Die Natur oder die Menschen oder die Dinge erziehen uns. Die Natur entwickelt unsere Fähigkeiten und unsere Kräfte; die Menschen lehren uns den Gebrauch dieser Fähigkeiten und Kräfte. Die Dinge aber erziehen uns durch die Erfahrung, die wir mit ihnen machen, und durch die Anschauung.« Als geglückte Erziehung könne man deshalb nur eine solche ansehen, in der die drei »Lehrer« feinsinnig zusammenwirken. Was Natur, Menschen und Dinge uns lehren, sollte sich nicht widersprechen, sondern komplettieren, ergänzen. Darin besteht die Kunst, das Zusammenspiel der Instrumente bestimmt den Klang des Orchesters.

Von einem solchen Zusammenhang kann aber heute keine Rede mehr sein, das Orchester hat sich aufgelöst, die unterschiedlich erfolgreichen Solisten spielen ihr eigenes Spiel. Und das hierbei zweifellos größte Publikum haben die medial vermittelten und kommerziell vermarkteten Moden und Lebensstile. Der Herstellername einer Hose wird wichtiger als ihr Sitz und Aussehen, der Stil von SMS-Nachrichten und E-Mails prägt die Gesprächskultur, das Internet mit seinen flüchtigen, unverbindlichen, risikolosen Kontakten wird zu einer Art sozialem Restraum. Kurz, in der Waren- und Konsumgesellschaft und erst recht in der Informationsgesellschaft sind die »Dinge« – Produkte, Sachzwänge, Netzzugänge, Daten – zu den alles dominierenden Lehrern geworden. Und neben Kaufhaus und Konsum hat sich inzwischen vor allem das World Wide Web zur integrierten Gesamtschule der Nation aufgeschwungen.

Ich notiere dies durchaus nicht in zivilisationskritischer Absicht oder weil ich Anlaß hätte, die Vergangenheit nostalgisch zu betrauern. Aber selbst, wenn ich der Überzeugung wäre, die Gegenwart sei in Ordnung, so wie sie ist, müsste ich zur Kenntnis nehmen, dass die gewandelten Verhältnisse auch eine Veränderung der Bildungspraxis erzwingen, will ich die »Formung« der nachfolgenden Generationen nicht vollends aus der Hand geben, das heißt auf Erziehung verzichten. Denn die Dominanz der Dinge und Sachzwänge droht Verbindungen, Beziehungen und Bezüge – in erster Linie wohl im emotionalen sowie im zwischenmenschlichen Bereich – zu kappen, an deren Erhalt uns sehr gelegen sein sollte. Und diese bedrohten Beziehungen und Bezüge befinden sich im Kernbereich dessen, was Bildung zu nennen wäre.

Lehren und Lernen vollzog sich bislang vor allem zwischen den Generationen – wobei ich den Generationenbegriff hier etwas weiter gefasst sehen möchte. Eltern, Lehrer, Mentoren und Ausbilder, aber auch Tradition und Geschichte sowie die gewordenen Dinge stellen die ältere Generation dar, die ihre Erfahrung, ihr Wissen, ihre Einsicht an die Jungen weitergibt. Wenn nun aber, und dieser Vermutung will ich auf meiner gleich folgenden Bildungsreise nachgehen, die Dinge zu den wichtigsten Lehrern geworden sind, und wenn sich diese »Dinge« weiterhin in der uns bekannten Rasanz fortentwickeln, verändern, dann droht das Generationenverhältnis, der pädagogische Dialog zwischen den Generationen zu zerbrechen. Damit aber stünde Bildung, ob sie sich nun in der Erziehung, in der Schule, in der Ausbildung, im Studium oder im Beruf ereignet – dies sind meine anzusteuernden Reiseziele –, grundsätzlich zur Disposition.

Vor dieser Gefahr hat schon einmal Pier Paolo Pasolini gewarnt, als er, fünfzigjährig, an einen fiktiven Jugendlichen aus Neapel schrieb: »Der wesentliche Punkt ist der: meine Kultur (mit ihrem ganzen Ästhetizismus) zwingt mich zur Kritik an den modernen ›Dingen‹ (…). Deine Kultur dagegen lässt Dich die modernen Dinge als etwas ganz Natürliches akzeptieren und lässt Dich ihren Lehren zuhören, als wären sie etwas Absolutes.(…) Uns trennt im Bereich der nicht verbalen Sprache ein Abgrund, genauer gesagt, der tiefstgehende Generationenbruch, den die Geschichte kennt. Was mir die Dinge durch ihre Sprache beigebracht haben, ist vollkommen anders als das, was Dir die Dinge beibringen. Dennoch ist es nicht die Sprache der Dinge, lieber Gennariello, die sich geändert hat. Verändert haben sich die Dinge selbst. Und zwar radikal. (…) Meine Rolle als Lehrer ist daher hoffnungslos in Frage gestellt. Man kann nicht lehren, wenn man nicht gleichzeitig lernt.«

Nun gut, könnte man gelassen einwenden, das sei aber doch schon immer so gewesen und müsse auch so sein. Haben die Jungen nicht stets gegen die Alten aufbegehrt, sich gegen sie abgegrenzt, um sich selbst zu finden? Und haben die Alten nicht immer schon über die Jugend geklagt, die so unverständlich anders sei, oberflächlich, geschichtsvergessen, respektlos? Der Einwand ist natürlich absolut berechtigt, ich meine aber, dass Pasolini gerade nicht auf dieser alten Leier spielt. Der Abgrund, den er umschreibt und der sich im strengen Sinne auch gar nicht am Lebensalter festmachen lässt, besteht in der Unfähigkeit, eine gemeinsame Sprache zu finden, sowie in einem zunehmenden Mangel an Neugier und Verstehen-können.

Diesen »Generationenbruch« und unsere wachsenden Schwierigkeiten, aus dem prekär gewordenen Verhältnis die richtigen Konsequenzen zu ziehen, halte ich für eine der Hauptursachen unserer gegenwärtigen Bildungsmisere. Dabei hatte schon Pasolini, als er den zitierten Brief 1975 formulierte, einen möglichen Ausweg aus dem sich verschärfenden Dilemma aufgezeigt, ohne ihn allerdings gedanklich weiterzuverfolgen: »Man kann nicht lehren, wenn man nicht gleichzeitig lernt.« Wer zu lernen aufhört, und insofern wäre, wenn überhaupt, allenfalls den Alten ein Vorwurf zu machen, der wird sozusagen asozial, sprachlos. »Lernen ist wie gegen den Strom schwimmen«, las ich kürzlich an der Mauer einer Schule, »wer damit aufhört, treibt unweigerlich zurück.« Wer nicht mehr weiß, was ist, muss lernen. Wie sollte er sonst andere auf die Zukunft vorbereiten können?

Also: Lernen wir erst einmal und versuchen uns wieder bewusst zu machen, was uns selbst, aber auch den jüngeren Generationen wichtig ist und richtig erscheint, bevor wir sie mit Kenntnissen und Inhalten malträtieren, die bestenfalls unnütz sind. Anstatt über die Gleichgültigkeit oder den Hedonismus der Jugend zu lamentieren, ganz so, als wären wir selbst hierfür nicht im Geringsten mitverantwortlich, hätten wir uns zunächst einmal die eigenen Lern- und also Erziehungsschwächen einzugestehen.

Pro familia
oder:
Das Dilemma der Erziehung

Was dem Kind in den ersten Lebensjahren
passiert, schlägt unweigerlich auf die ganze
Gesellschaft zurück.

ALICE MILLER

Bei all dem Wehgeschrei über den Zustand der Bildung wird ein Bildungsort, vielleicht der wichtigste überhaupt, häufig vergessen oder nur am Rande gestreift: die Familie. Das mag damit zusammenhängen, dass diese so genannte Institution, die »Keimzelle der Gesellschaft«, selber im Verfall begriffen scheint. Seit Jahren schon wird in politischen Brandreden, in zahllosen Artikeln und Büchern vor der drohenden Selbstauflösung der bürgerlichen Familie gewarnt, werden Horrorszenarien entworfen von Vereinzelung, Verwahrlosung und marodierender Gewalt. Die Zahl der Eheschließungen sinkt, die Scheidungsquote steigt – sie liegt derzeit bei etwa 36 Prozent –, und jedes Jahr werden in Deutschland rund 150 000 Kinder zu »Scheidungskindern«.

Nun will ich hier auch gar nicht bestreiten, dass Vereinzelung, Verwahrlosung und Gewalt bedrohlich zunehmen; ebenso wenig kann ich leugnen, dass sich das, was der schwedische Erfolgsschriftsteller Henning Mankell einmal »die andere Armut, die Familienmisere« genannt hat, dramatisch ausbreitet. Wie aber das eine

88

mit dem anderen zusammenhängt – ob etwa die gesellschaftlichen Tendenzen zu Egoismus und Vereinzelung die alten Familienstrukturen aufbrechen, oder ob umgekehrt der Niedergang des Familiensinns und eine zunehmende Bindungsschwäche solche Tendenzen freisetzen –, habe ich bisher noch nirgends wirklich schlüssig erklärt gefunden. Alle wissen offenbar, irgendetwas geschieht mit dem Modell »Familie«, aber niemand scheint zu wissen, was und warum.

Schon der Begriff »Familie« ist ja seltsam verschwommen. Er enthält im Wortstamm sowohl das lateinische *familiaris*, womit das Vertraute, Vertrauliche, Intime bezeichnet wird, als auch den *famulus,* den Diener und Gehilfen. Aber wem dienen und wofür? War die *familia* ursprünglich die gesamte, autark wirtschaftende Hausgenossenschaft – Frau, Kind, Verwandte, Abhängige, Sklaven und der Mann als *pater familias –,* in der man, allerdings eingebettet in eine klare Hierarchie, einander diente, so geriet die Familie mit der Zeit, und zwar je mehr Funktionen aus ihrem Lebensbereich ausgegliedert wurden, insgesamt in die Rolle eines Gehilfen und wurde Zwecken dienstbar gemacht, die nicht mehr in ihr selbst lagen. Zunächst die Kirche, später der Staat und schließlich die Wirtschaft entdeckten ihre zentrale Funktion, sei es zur Stabilisierung der Obrigkeit, sei es für den Staats- und Gesellschaftsaufbau, oder sei es für die Produktion: die Familie als ideale Herstellungsstätte von gehorsamen Untertanen und fleißigen Arbeitskräften, von Steuerbürgern und Rentenbeitragszahlern.

Selbstverständlich hat, was uns Familie bedeutet, mit diesen Funktionen, die stets ideologisch bemäntelt werden, nichts gemein. Aber was genau verbinden wir denn mit dem Begriff »Familie«? Ich fürchte, auch die Angaben hierüber dürften weit auseinander gehen und ganz unterschiedliche Lebensverhältnisse und -entwürfe umspannen. Dennoch denken die meisten von uns wohl spontan an ein Idyll, ein Wunschbild, das der Realität, auch der selbsterlebten, allenfalls ganz entfernt ähnelt und ihr praktisch noch nie wirklich entsprochen hat. Häufig erhält das Familienbild umso idealisiertere Züge, je mehr einer oder eine an und in der Familie gelitten hat. So blieb beispielsweise Franz Kafka seiner Familie zeitlebens »unlöslich verbunden«, obwohl er sie als einen speziell für ihn »installierten Kerker« empfand, »der umso härter ist, da er einer bürgerlichen Wohnung gleicht und von niemandem außer von mir als ein Gefängnis erkannt wird«.

Wenn ich hier und im Folgenden von Familie spreche, dann möchte ich das Wort deshalb, in Ermangelung eines besseren, als Chiffre verstanden wissen: Ich meine damit nicht das hartnäckige Konstrukt einer betulichen Familienideologie; nicht das Biedermeier-Paradies mit Mama, Papa, Oma, Opa und den entzückenden Kindern in ordentlicher Eintracht; auch nicht sein modernes Pendant, die Kleinfamilie, die sich als eine Art Nachtspeicherofen der Marktgesellschaft in harmonischer Symbiose gegen das kalte Reich der Zwecke abschirmt. Schön wär's! Nein, mit Familie meine ich einen Sozialisationsort, einen Nah- und Schutzraum, eine beständige Sphäre der Intimität, in der ein Kind erfährt: Ich bin gewollt, ich werde geliebt, ich bin wertvoll. Das ist alles. Und es ist unendlich viel.

Eine solche intime und von rückhaltlosem Vertrauen durchdrungene Sphäre erfordert räumliche und zeitliche Konstanz, damit das Kind verlässliche Bindungen zu lebendigen Menschen entwickeln und sozusagen zu Ende geboren werden kann. Denn nur durch verlässliche Bindungen in Näheverhältnissen können Normen und Werte, Lebensregeln und Zeitstrukturen, Haltungen und Wahrnehmungsweisen im Inneren des Kindes verankert werden. Eine so verstandene Familie ist nicht notwendig von einer bestimmten Personenkonstellation abhängig. Zwar bevorzuge ich persönlich das klassische Modell der »Normalfamilie«, eine Wohn- und Lebensgemeinschaft mit beiden leiblichen Eltern und Kind oder Kindern. Aber ob die Bezugspersonen nun verheiratet sind oder nicht, ob sie als Paar oder allein erziehen, ob Kinder in gleichgeschlechtlichen Partnerschaften aufwachsen oder in anderen, alternativen Lebensgemeinschaften, dürfte meines Erachtens nicht entscheidend sein – wenn es auch sicher nicht unerheblich ist.

Entscheidend ist vielmehr, ob die »Familie«, wie immer sie aussehen und strukturiert sein mag, jener sichere und vertraute Ort ist, den das Kind benötigt, um sich und seine Fähigkeiten zu entfalten, ob die Familie also ihren Aufgaben und damit dem Kind gerecht wird – beziehungsweise gerecht werden kann. Denn auch die Familie ist ja, worauf ich schon hingewiesen habe, keine Insel der Seligen, ist nicht jene eigenmächtige, autarke Einheit, als die sie gern propagiert wird. Sie unterliegt allen möglichen Einflüssen und Einflüsterungen, sie wird für fremde Zwecke instrumentalisiert, und sie besteht aus Menschen, die ihrerseits erzogen wurden und die gesellschaftlichen Ansprüchen und wirtschaftlichen Erfordernissen ausgesetzt sind, denen sie sich nicht schadlos entziehen können.

Dies alles formt ein Umfeld, das trotz aller politischen Absichtserklärungen ganz sicher nicht als »kinderfreundlich« zu bezeichnen ist. Zwar kann man – und soll man – die Institution »Familie« staatlich fördern, sie etwa finanziell und steuerlich privilegieren, aber der ausdrückliche Schutz, den zum Beispiel die deutsche Verfassung vorsieht, ist nicht viel mehr als eine papierne Garantie, ein Abstraktum. In einer geschwindigkeitsberauschten Gesellschaft muss so etwas wie familiäre Konstanz, Beständigkeit, Verlässlichkeit, Langsamkeit geradezu anachronistisch anmuten; und in einem Umfeld, in dem Flexibilität, Effektivität, ständige Verfügbarkeit und schnelle Bedürfnisbefriedigung die höchsten Werte darstellen, sind und bleiben Kinder Sand im Getriebe.

Ich weiß, wovon ich rede. Als meine Kinder klein waren, habe auch ich mich zu sehr von meinem »Umfeld« beeinflussen lassen, mich zu sehr nach außen orientiert, vor allem natürlich auf den Beruf. So verlief auch meine Vaterschaft nicht gerade »kinderfreundlich«, als es darauf angekommen wäre. Wie viele meiner Generation habe ich Geborgenheit und Sicherheit mit materiellem Wohlstand verwechselt und darüber meine Aufgaben als Vater sträflich vernachlässigt. Es waren Boom-Jahre, und ich habe es, ohne mir dessen damals bewusst zu sein, zugelassen, dass mich meine mir selbst wundersam erscheinende Karriere nahezu vollständig absorbiert hat. Ich gefiel mir sogar in der Rolle des »Ernährers«, habe die Fassade schön herausgeputzt, betrachtete mich aber für den viel schwierigeren Innenausbau als nicht zuständig. Rückblickend muss ich deshalb einsehen, dass für uns als Familie damals zutraf, was der dänische Psychologe Jasper Juul einmal als das typische Symptom der Konsumgesellschaft beklagt hat: »Wir bekommen zu viel von dem, was wir wollen, und zu wenig von dem, was wir brauchen« – zu viel schnelles »Glück«, zu wenig selbstverständliche Geborgenheit.

Für das Leben mit und in der Familie, für die Beschäftigung, den geistigen und emotionalen Kontakt mit meinen Kindern nahm ich mir zu wenig Raum und noch weniger Zeit – selbst und gerade dann nicht, wenn sie etwa wegen eines beruflich bedingten Ortswechsels meiner Zuwendung ganz besonders bedurft hätten. Wir zogen mehrfach in eine andere Stadt, einige Male sogar in ein anderes Land, wodurch meine Kinder jedes Mal ihr vertrautes Umfeld verloren, ohne dass ich mir hierüber groß den Kopf zerbrochen hätte: Ihre Welt, ihre Bedürfnisse und Sorgen hatte ich zu wenig im Blick. Dass sie unter meiner Mobilität zu leiden hatten, begann mir erst zu dämmern, als sie ihre Verunsicherung einmal auf anrührende Weise dadurch demonstrierten, dass sie an ihrem ersten Schultag in einer neuen Schule partout die Mäntel anbehalten wollten: als seien sie nur auf der Durchreise und würden gleich wieder aufbrechen, als wollten sie sich gar nicht erst vertraut machen, aus Angst, abermals etwas Vertrautes zu verlieren.

Sicher, ich kann mir auch das im Nachhinein schönreden und darauf hinweisen, dass meine Kinder immerhin mehrere Sprachen sprechen und – was mir noch weit besser gefällt – andere Kulturen und Lebensweisen vorbehaltlos akzeptieren; einen »ordentlichen« Schulabschluss haben sie in all den Wirrnissen jedoch nicht zuwege gebracht. Das Leben, das ich geführt und das ich sie zu führen gezwungen habe, hat sie zweifellos überfordert. Das ist einer der schlimmsten Aspekte meiner persönlichen Geschichte, den ich hier aber nicht deshalb erwähne, um mir öffentlich das Büßerhemd überzustreifen, nachträglich Selbstkritik zu üben und um Vergebung zu bitten. Ich konnte damals nicht anders. Und ich bin mir nicht sicher, ob ich heute in vergleichbarer Situation anders könnte, ob mir heute ein Zeitmanagement gelänge, das beiden Sphären, der familiären wie der beruflichen, gerecht würde.

Das eine mit dem anderen in Einklang zu bringen, ist auch unter den veränderten, heute gegebenen Umständen nach wie vor fast unmöglich, vielleicht ist es sogar noch schwieriger geworden, als es zu meiner Zeit war. Wie passt man die Kinder in seinen Lebensrhythmus ein? Kinder sind Karrierekiller; sie schränken die Flexibilität ein. Kinder sind ein Existenzrisiko; sie sind schwer berechenbar, fordern aber ihrerseits Berechenbarkeit und Beständigkeit und lassen sich nicht beliebig beschleunigen. Kinder sind Zeitfresser; sie beanspruchen Aufmerksamkeit, Zuwendung, Verständnis, Liebe – und die Erfüllung dieser Ansprüche lässt sich nicht portionieren oder auf Termin legen. Kinder sind Unruhestifter; sie kennen keine Rücksichtnahme, denken gar nicht daran, ihre Bedürfnisse und Wünsche mit unserer Sekretärin oder unserem Arbeitgeber abzustimmen; und sie beweisen großes Geschick darin, dass wir uns schlecht fühlen, wenn wir nicht so können, wie sie wollen. Und Kinder werden zudem gesellschaftlich immer mehr als ein Hobby angesehen, ein privates Freizeitvergnügen eben – und ein sehr teures, versteht sich.

Ich könnte damit eine ganze Weile fortfahren, glaube aber, dass es nicht nötig sein dürfte, die Liste zu verlängern oder sie in noch kräftigeren Farben auszumalen. Jeder wird wissen, was gemeint ist, wird die Zerrissenheit und das chronisch schlechte Gewissen kennen; und jeder Mutter wie auch jedem Vater werden sofort noch viele weitere Handicaps einfallen, die mit der Elternschaft verbunden sind. Und dennoch werden wir vermutlich alle am Ende der langen Jammerliste ein positives Resümee ziehen: Kinder sind wunderbar!

Das weiß auch die Heerschar der nach wie vor abwesenden Väter. Vermutlich finden diese die lieben Kleinen gerade wegen der eigenen Abwesenheit noch tausendmal wunderbarer als die Mütter daheim oder die Bezugspersonen, die ihren Alltag mit den Kindern teilen – und denen gute Ratschläge aus sicherer Distanz bestimmt stets willkommen sind. Das dürfte heute kaum anders sein als zu meiner Zeit. Denn das Phänomen der abwesenden Väter ist ja keineswegs ein Spezifikum meiner Generation und der meiner Eltern. Ich glaube, es hat sich heute zum einen lediglich etwas verschoben, weil die Ursachen und Bedingungen andere geworden sind, und es hat sich zum anderen sogar noch verschärft, weil zunehmend und zu Recht auch die Frauen eine außerfamiliäre Lebensführung beanspruchen, ohne dass die Männer deshalb zu einer neuen Aufgabenverteilung bereit wären.

Das hat inzwischen schon häufig zur Folge, dass der

im alten Bildungsideal enthaltene Emanzipationsgedanke geradezu gegen sich selbst gewendet wird. Es sind nun nicht mehr die Kinder, die sich zuerst von den Eltern emanzipieren – wie es sich gehörte –, sondern umgekehrt: In ihrem wachsenden Bedürfnis nach autonomer Lebensführung emanzipieren sich viele Eltern schon allzu frühzeitig von ihren Kindern und glauben, mit deren Eintritt etwa in den Kindergarten oder in die Schule, ihre Erziehungsschuldigkeit nunmehr getan zu haben. Sie wähnen den Nachwuchs in kompetenten Händen und ziehen sich zusehends auf eine reine Betreuungs- und Cateringrolle zurück. Die Schule, mit der man ansonsten nichts weiter zu tun hat, wird's schon richten.

Da aber die Fürsorge der vermeintlichen Experten räumlich und zeitlich begrenzt ist, mutiert daneben oftmals der Fernseher beziehungsweise der Computer zum Elternersatz. Einen solchen recht weit gehenden Ausstieg aus der Erziehungsverantwortung halte ich für fatal. Denn was als »frühe Erziehung zur Selbständigkeit« zynisch bemäntelt werden mag, ist in Wahrheit eine Art Kindesaussetzung. Gegen wen sollen die Kinder nun aufbegehren? Vom wem sich abgrenzen, zu wem zurückkehren, wem sich anvertrauen? Von wem die Grenzen aufgezeigt bekommen, wo Schutz suchen, an wen sich anlehnen? Noch einmal: Das Entscheidende, was ein Kind braucht, um all seine Fähigkeiten, nicht nur die geistig-kognitiven, sondern auch die seelisch-emotionalen, auszubilden, sind verlässliche, rückhaltlose Bindungen an konkrete Menschen.

Nun will ich hier nicht – wie so viele andere vor und neben mir – schlicht behaupten, dass die Medien Beziehungskiller und als solche an allen Übeln der Gegenwart Schuld seien; ihr Einfluss hängt schließlich immer davon ab, wie wir mit ihnen umgehen, wie wir sie nutzen. Gleichwohl lässt sich feststellen, dass vor allem das Fernsehen und das Internet die Rolle der Familie bei der Formung der Werte und Gefühle von Kindern nicht nur verändert, sondern geschwächt haben. Untersuchungen belegen, dass heute zwei Drittel der Sechs- bis Dreizehnjährigen an einem durchschnittlichen Wochentag circa drei Stunden fernsehen; etwa die gleiche Zeitspanne dürften sie inzwischen zusätzlich vor dem Computerbildschirm verbringen – das ist, zusammengenommen, mehr Zeit als etwa in der Schule, gar nicht zu reden von der in und mit der Familie verbrachten Zeit.

Rein quantitativ trägt demnach die »allgemeine Bildschirmbildung« heute bereits die Hauptlast der Vermittlung von »Welt und Wissen«, und vor allem dieser Zeitfaktor, so scheint mir, macht ihre eigentliche »Qualität«, ihre pädagogische Wirkung aus: als Erziehung zur Inaktivität und zur »Sesshaftigkeit«. Schon seit längerem warnen Gesundheitspolitiker und Ärzte vor den körperlichen Folgen dieser Sitzübungen; und vor wenigen Monaten, im November 2000, hat das Wissenschaftliche Institut der Ärzte Deutschlands die Ergebnisse einer repräsentativen Untersuchung vorgestellt, wonach das Bewegungsverhalten von Kindern und Jugendlichen »Besorgnis erregend« sei. Aber das ist nur ein Nebenaspekt, wenn auch kein unwichtiger.

Wie steht es nun mit den geistigen und emotionalen Folgen der Bildschirmbildung, über die ja ebenfalls seit längerem in den düstersten Farben spekuliert wird? Drohen unsere Kinder zu debilen Couchpotatoes zu werden, die glauben, das wirkliche Leben spiele sich hinter dieser kleinen Glasscheibe ab, womöglich in einem RTL-Container? Ich denke, die unmittelbaren Folgen der Fernseh- und Computernutzung auf Geist und Seele werden bei weitem überschätzt. Denn die Inhalte, die hier zur »Vermittlung« kommen, sind doch ganz überwiegend nicht der Rede wert. Die meisten Fernsehsendungen beispielsweise kann man getrost vergessen, und viele tun das auch sofort nach Empfang. Sie dienen eher dem Abschalten von einer Realität, die das Eingeschaltet-lassen offenbar nicht lohnt.

Hierin, also in der Motivlage, nicht in den direkten Konsequenzen, sehe ich in erster Linie das Problem: dass junge, aber auch alte Fernsehnutzer so viel medialen Schwachsinn ihrer eigenen Realität vorziehen, ja dass dieser Schwachsinn ihnen offenbar noch als das Bessere im Schlechten erscheint. Das wiederum hat eigene Ursachen und Folgen, denen man nachspüren kann, ohne gleich vom Untergang des Abendlandes zu fabulieren oder gar zu behaupten, »wir amüsieren uns zu Tode«. Und diese Ursachen und Folgen haben wir zum großen Teil selbst zu verantworten – wer denn sonst? –, weil wir die Bildschirmrevolution, die keineswegs bloß Kritik verdient, nicht nur zugelassen, sondern hoffnungsfroh mitgetragen haben.

Da ich mich dem Internet später noch einmal ausgiebiger zuwenden werde, möchte ich an dieser Stelle nur zwei Folgen, wie sie vor allem in Familien zum Tragen kommen, herausgreifen. Die Dauerberieselung durch Bilder, Geschichten, Nachrichten, Informations- und

Wissensbrocken, der wir uns – wohlgemerkt freiwillig – aussetzen, hat zum einen einen Prozess in Gang gesetzt, den Jeremy Rifkin einmal polemisch die »Devolution der Zivilisation« genannt hat: Zwar »wissen« die Menschen, auch die Kinder, heute mehr denn je; aber unser Wissen wird immer spezieller und immer weniger miteinander verknüpfbar. Mutter, Vater, Kinder lassen sich ja nicht von denselben Inhalten berieseln, sondern wählen aus dem vielfältigen, heterogenen Medienmenue ganz unterschiedliche Angebote aus. Dadurch entwickeln sich nicht nur generationen-, geschlechts-, alters- oder gruppenspezifische Sprachstile und Sprachen, die eine Verständigung erschweren, denn Verständigung ist etwas anderes als der Austausch von Informationen; es schrumpft auch der gemeinsame Vorrat an Wissen, so dass es am Ende keinen Kanon mehr gibt.

Diese Diffusion des Wissensbestandes macht zugleich eine Gewichtung und Beurteilung der aufgenommenen Informationen immer schwieriger. Wenn ich oben geschrieben habe, dass die Inhalte ganz überwiegend nicht der Rede wert seien, dann muss ich jetzt hinzufügen, dass diese »Eigenschaft« auf Dauer eine gefährliche Prägekraft entfaltet. Die Medien, ob neu oder alt, sind nichts als Mittler; sie sind den Inhalten gegenüber gleichgültig, und diese Gleich-Gültigkeit droht sich als Botschaft auf den Mediennutzer zu übertragen. Inhalte werden zur Nebensache.

Zum anderen führt die erwähnte Dauerberieselung – ich glaube, notwendig – zu einer Verunsicherung: Aufgrund der gesehenen und gehörten Vielfalt des Möglichen und Faktischen schwindet bei vielen Eltern und

Erziehern das Vertrauen in die eigenen Kenntnisse und Instinkte sowie das Zutrauen in die eigene Fähigkeit, Kinder aufzuziehen. Dies führt zu einer weiteren Schwächung der womöglich noch vorhandenen Widerstandskraft gegen mediale Einflüsse und zu einer oftmals hilflosen Suche nach wiederum medial vermittelten Ratgebern und Experten – ein Teufelskreis, der einer Suchtspirale ähnelt und in einem Verlust elterlicher Autorität mündet. Eine Sphäre der Intimität und des rückhaltlosen Vertrauens, wie sie zu Beginn eines glückenden Bildungsprozesses erforderlich ist, wird unter solchen Bedingungen kaum noch entstehen können.

Es gehörte deshalb heute in meinen Augen zu den wesentlichen Aufgaben der Erziehung, sich den geschilderten Einflüssen entgegenzustellen: nicht primär aus kritischem Reflex oder gar um die Welt zu verändern – obwohl das sicher nicht die schlechtesten Motive wären –, sondern um seinen Kindern die Kindheit zu erhalten; wenn sie dann später, weil sie auf einem guten Fundament stehen, die Welt verändern: umso besser.

Nein, ich korrigiere mich, die Aufgabe, sich zu widersetzen, stellt sich nicht erst heute, sie ist der Bildung ganz grundsätzlich zu Eigen. Ein guter Erzieher kann nur sein, wer selbst infrage stellt, wer eine gehörige Distanz und Skepsis gegenüber den jeweils herrschenden Umständen aufzubringen in der Lage ist. Elternschaft besteht damit – so hat es Neil Postman in seinem letzten Buch sehr schön auf den Punkt gebracht – immer auch in einem Akt der Rebellion gegen die zeitgenössische Kultur. Wenn ich mein Kind zu Bedürfnisaufschub, zur Zurückhaltung in Benehmen, Sprache und Stil, zum Respekt vor dem Alter oder zur Verantwortung gegenüber Schwächeren erziehe, befinde ich mich ja schon in Opposition zu so ziemlich jedem gesellschaftlichen Trend; der Gipfel der Widersetzlichkeit in unserer Medien- und Informationsgesellschaft wäre freilich der Versuch, den Zugang der Medien zu unseren Kindern zu kontrollieren – sei es durch quantitative Begrenzung, sei es durch inhaltliche Auswahl.

Um nicht missverstanden zu werden: Natürlich dürfen die Kinder fernsehen – wir leben nun einmal in dieser Welt –, ja sie sollen sich sogar möglichst frühzeitig mit den Medien vertraut machen. Ich bin kein Rousseau. Aber wir müssen sie hierzu, wie zu allem anderen auch, anleiten, ihnen Maß geben, sie einen »angemessenen« Umgang lehren. Wir würden doch auch nicht auf die Idee verfallen, sie völlig unvorbereitet dem Straßenverkehr zu überlassen. »Geht raus und spielt schön.« Ebenso wenig dürfen wir sie ohne jede Vorgabe und ohne jede Einflussnahme vor einen angeschalteten Bildschirm setzen.

Wie aber mache ich das? Wie kann ich erreichen, dass meine Kinder aus dem verlockenden Füllhorn des Medienangebots bewusst auswählen, dass sie Maß halten, Distanz aufbauen, skeptisch werden? Ganz gewiss nicht dadurch, dass ich an ihre Vernunft appelliere; wir sprechen von kleinen Kindern, und zur Ausbildung ihrer Vernunft hätte ich erst beizutragen. Auch das gern angeführte, sich besonders aufklärerisch und progressiv gebende Begleitungsmodell, wonach man sich gemeinsam mit seinen Kindern, vermutlich im selbst gestrickten Pulli, vor die Glotze setzt, das Gesehene kommentiert und anschließend gründlich durchreflektiert, halte ich für pseudopädagogischen Unfug; solche bildungspsychologischen Seminare, die man, von außen betrachtet, auch als Gottesdienste deuten könnte, würden das Medium doch nur unnötig aufwerten. Nein, ich möchte kein Sozialcoaching, sondern Erziehung; die quantitative Begrenzung und inhaltliche Auswahl muss ich schon selbst vornehmen. In anderen Worten, ja, ich plädiere für Restriktion, für begründbare und mit zunehmendem Alter der Kinder auch tunlichst zu begründende Einschränkungen.

Mir ist bewusst, dass sich die meisten Eltern und Erzieher genau darum bemühen. Ich habe aber auch vor Augen, wie schwer das ist, welches Maß an Aufmerksamkeit und Energie solcher »Widerstand« erfordert, wie sehr einem auch die lieben Kleinen ihrerseits zusetzen, weil andere haben oder dürfen, was man ihnen vorenthält oder untersagt, und wie schnell man dann aus Bequemlichkeit oder Zeitmangel nachzugeben bereit ist. Welch hohen Preis die vermeintliche Ruhe, die man sich durch solches Nachgeben kurzfristig verschafft, fordert, ist schon heute allenthalben zu besichtigen. Deshalb noch einmal, selbst auf die Gefahr hin, pathetisch zu klingen: Nur eine dem so genannten Zeitgeist gegenüber skeptische und widerspenstige Erziehung bewahrt unseren Kindern die Kindheit und kann mithelfen, eine humane Tradition am Leben zu erhalten.

Nun bin ich, wegen eigener »Verfehlungen«, ganz sicher nicht in der Position, irgendjemandem Vorschriften oder gar Vorwürfe zu machen. Nichts ist schwieriger, als im Umgang mit Kindern stets oder auch nur überwiegend das Richtige zu tun. Nichts ist aber auch wichtiger, als es zu versuchen. Denn ein guter Anfang, so besagt schon ein Jahrtausende altes chinesisches Sprichwort, ist der halbe Weg ans Ziel. Und dieser Anfang wird bei all dem Lamentieren über den Zustand der öffentlichen Bildungseinrichtungen, bei all dem fehlgeleiteten Gezerre um Finanz- und Personaletats zumeist vergessen. Wenn wir aber diesen Anfang, den Start versauen, dann können wir all die Bildungsinstitutionen ohnehin abschreiben; sie werden notwendig scheitern, weil sie sich mit einer Bildungsaufgabe konfrontiert sehen, die sie strukturell gar nicht bewältigen können; sie hätten kein Fundament mehr, auf dem sich aufbauen ließe.

Deshalb müssen wir diesem Anfang wieder größere Aufmerksamkeit widmen. Und zwar jeder für sich, da hier eine zentrale Lenkung alles andere als wünschenswert ist. Eine pädagogische Planwirtschaft, ein Masterplan wäre grundfalsch; und um dies zu belegen, muss man keineswegs an die gescheiterten sozialistischen Experimente erinnern, ein Blick auf unseren Schulalltag zeigt das eindrücklich genug; ich komme gleich darauf zurück. Wer Kinder erzieht, muss zwar nicht permanent reflektieren, er sollte sich aber schon hin und wieder bei seinem Tun beobachten und seine Handlungen, seine Methoden und seine Ziele bedenken. Und ich glaube, dass wir hierzu gegenwärtig sogar in einer ausgesprochen günstigen Ausgangsposition sind.

War es für frühere Generationen selbstverständlich, der Norm zu folgen und Kinder in die Welt zu setzen, ohne weiter darüber nachzudenken, waren bis weit ins 20. Jahrhundert hinein auch die Erziehungsabläufe und

-methoden weitgehend genormt, so wird das eine wie das andere heute mehrheitlich frei entschieden. Noch nie beruhten Elternschaft und Erziehungsstile auf derart bewussten Entscheidungsprozessen wie heutzutage. Viele junge Leute prüfen sich sehr genau und ordnen die Erfüllung eines möglichen Kinderwunsches ihrer Ausbildungs-, Berufs- oder Karriereplanung unter. Ebenso genau sollten wir uns aber vorher überlegen, wie wir unser Leben mit Kind oder Kindern gestalten wollen, was uns hierbei wichtig und was uns möglich ist. Wie sich das Leben mit Kind dann tatsächlich gestaltet, wird man natürlich erst erleben, wenn es da ist, das lässt sich nicht wirklich planen. Kinder sind unberechenbar. Aber ich hätte durch meine Vorüberlegungen immerhin ein Maß, um die neue Situation und mein eigenes Handeln in ihr nach selbst gesetzten Kriterien zu beurteilen.

Wie gehen wir mit unseren Kindern um und sie – infolgedessen – mit uns? Welchen abgesicherten Raum zu ersten freien Entfaltungen gewähren wir ihnen? Was geben wir ihnen mit an Erfahrungen, Wissen, Einstellungen? Welches Beispiel geben wir ihnen durch eigenes Tun und Unterlassen? Worauf, auf welche künftigen Lebensumstände können wir sie vorbereiten? Und mit welchen Mitteln? Wie viel Zeit sind wir bereit und imstande, für sie aufzubringen?

Fragen über Fragen, die allesamt nie leicht zu beantworten gewesen sind, deren Beantwortung aber gegenwärtig – so hat es den Anschein – schwieriger denn je ist. Denn in dem Maße, in dem sich die Welt um uns herum wandelt, etwa durch das Wirken des jüngsten Weltveränderers, des Internet, wird das schon zu Pasolinis Zeiten problematische Verhältnis zwischen den Generationen immer prekärer. Genau dieses Verhältnis aber ist für alle Erziehung und Bildung, die ja in weiten Teilen in der Überlieferung von Kultur bestehen, ganz maßgeblich.

Wie soll ich etwa, um ein banales Beispiel zu nennen, meiner Tochter oder meinem Sohn eine Entscheidungshilfe bei der Berufswahl geben oder, allgemeiner gesagt, an der Zukunftsplanung meiner Kinder teilhaben, wenn ich gar nicht mehr weiß, wovon da überhaupt die Rede ist? Ich selbst habe meinen Eltern und Großeltern viel zu verdanken: Wenn mein Großvater über die Arbeit und Erfahrungen in seiner Gießerei sprach, über das Verhältnis zu seinen Kollegen oder zu seinem Chef, oder wenn mein Vater über seine Erfahrungen als Gendarm berichtete, über politische Diskussionen mit Kollegen oder sein Verhältnis zu seinen Vorgesetzten und zum Staat, konnte ich nie genug bekommen. Ich hatte das Gefühl, von diesen älteren Menschen, die mir sehr am Herzen lagen, Weltsichten und Lebensanschauungen vermittelt zu bekommen, die ich, angereichert durch eigene Erfahrungen, zu einer eigenen Weltanschauung formen konnte.

Der Dialog zwischen uns, zwischen den Generationen, war damals aber auch deshalb mit weniger Problemen befrachtet, weil sich unser Umfeld langsamer bewegte, weil der Veränderungsrhythmus mitvollziehbar war und man sich über ähnliche Dinge unterhalten konnte. Ein neues Auto beispielsweise, eine neue Modellreihe gab es frühestens alle fünf oder sechs Jahre, man konnte sich vorbereiten, die Veränderungen in Design und Ausstattung diskutieren; die Technologie machte keine Quantensprünge. Wenn ich heute mit meinen Enkelkindern spreche, bräuchte ich streng genommen einen Dolmetscher. Möglicherweise haben wir noch einen Vorrat an gemeinsamem Wissen – nein, ich bin sicher, dass es so ist –, aber dieses Gemeinsame gerät angesichts der schon nicht mehr gemeinsamen Wissensbestände hoffnungslos ins Hintertreffen.

Dass es in der Generationenabfolge zu solchen Differenzen kommt, ist, wie schon erwähnt, unvermeidlich; so war es immer. Jede Generation muss sich von der vorangegangenen abgrenzen, aus dem Bekannten etwas Eigenes machen, neue Wege einschlagen, andere Optionen wählen. Wenn aber die Kluft so tief und breit, die Abweichung so stark wird, dass kaum noch zwischen den Generationen vermittelt werden kann, dann droht die Gesellschaft auseinander zu brechen. Hier müsste von beiden Seiten eine Brücke geschlagen werden. Ich habe aus dem Verhalten meiner Eltern und Großeltern viel gelernt, von ihrem Wissen profitiert, und ich konnte, wenn ich Fragen hatte, die in der Schule oder anderswo unbeantwortet geblieben waren, zu Hause jederzeit Antworten bekommen. Ob sie mich immer zufrieden gestellt haben oder nicht, spielt hier keine Rolle.

Wenn mir aber meine Kinder heute, Rat suchend, von den Tätigkeiten eines »Infobrokers« oder »Web-Designers«, einer »Web-Administratorin« oder eines »IT-Consultants« erzählten, verstünde ich buchstäblich nur noch Bahnhof – und würde mir vermutlich uralt vorkommen. Jeder wird solche Situationen kennen, und viele von uns, der Autor dieser Zeilen wieder einmal eingeschlossen, reagieren dann oftmals hilflos. Wir wenden uns achselzuckend oder kopfschüttelnd und auch ein wenig beleidigt ab und erklären uns für nicht zuständig: Das ist nicht mehr unsere Welt! Davon verstehen wir nichts. Das werden wir auch nicht mehr lernen. Davor kapitulieren wir.

Aber das ist falsch! Zum einen sollten wir stets alles daransetzen, unsere Welt und die Veränderungen, die sich in ihr und mit ihr vollziehen, lernend mitzuverfolgen, um sie zu verstehen, weil wir sonst nicht im Geringsten in der Lage wären, in dieser sich verändernden Welt vernünftig zu handeln. Wir würden uns damit buchstäblich überflüssig machen. Zum anderen beruht eine Kapitulation vor dem Neuen und der sich daraus zwangsläufig ergebende Abschied von der Erziehung auf dem uns jetzt schon häufig begegneten Grundmissverständnis, Bildung bestünde darin, einem anderen zu sagen, was er zu tun hat, und ihn mit so viel Wissen auszustatten, dass er das, was er zu tun hat, auch tun kann. Da wir unseren Kindern aber nicht mehr sagen können, was sie später zu tun haben werden, flüchten wir eben ins Schweigen – und damit in die Gleichgültigkeit.

In Wahrheit besteht aber gar kein Grund zur Flucht. Denn einem Kind präzise Anweisungen zu geben, ist sicher manchmal nötig, wäre jedoch weder Erziehung noch Bildung, sondern liefe auf ihr Gegenteil hinaus: Bevormundung, Führung, Zurichtung, Abhängigkeit. Wenn meine Tochter mich um Rat fragt, dann sucht sie – vorausgesetzt, ich habe im Umgang mit ihr nicht alles falsch, sondern auch einiges richtig gemacht – keinen Handlungsauftrag, sondern ein Gespräch, das ihr möglicherweise hilft, eine eigene, eigenständige Entscheidung zu treffen. Hierfür ist es überhaupt nicht nötig, dass ich, um beim obigen Beispiel zu bleiben, über das faszinierende (?) Berufsleben einer Web-Designerin bestens im Bilde bin – was ich durchaus nicht bin. Gerade weil ich es nicht bin, weil ich zunächst einmal mutmaße, es handle sich darum, Mode über das Internet zu verkaufen, werde ich anfangs dumme und mit der Zeit hoffentlich weniger dumme Fragen stellen, mich von ihr belächeln und belehren lassen und ihr damit Gelegenheit geben, in den Antworten das eigene Wissen und die eigenen Neigungen zu prüfen. Am Ende könnte das Gespräch dann von einem doppelten Erfolg gekrönt sein: Sie hat Klarheit gewonnen; ich habe etwas Neues gelernt und mein Verständnis der Welt erweitert.

Das ist natürlich ein idealtypisches Beispiel und der Erfolg solcher in Wahrheit ergebnisoffenen Gespräche keineswegs garantiert. Sie bedürfen der wechselseitigen Anerkennung und des Zutrauens in die eigene Urteils- und Entscheidungsfähigkeit. Beides aber, Urteils- und Entscheidungsfähigkeit, sind schon Resultate eines Bildungsprozesses, der praktisch mit der Geburt einsetzt und dessen Gelingen, wie nun schon mehrfach erwähnt, auf Nähe, Intimität, Vertrauen beruht. Nähe, Intimität und Vertrauen wiederum sowie ihre Schöpfungen, etwa Selbstbewusstsein, Autonomie oder Urteilsvermögen, lassen sich jedoch im Unterschied zum reinen Wissenserwerb weder verabreichen noch messen noch kontrollieren. Es gibt zu ihrer Ausbildung kein Handbuch, keine Anleitung »in ten easy lessons«, nach deren strikter Befolgung sich die gewünschten Ergebnisse wie von selbst einstellten.

Hier liegt der tiefere Grund, warum es einen zunehmenden Mangel an selbstbewussten, urteilsfähigen, unangepassten Persönlichkeiten gibt. Denn was nicht operationalisierbar, nicht mess- und kontrollierbar ist, steht, trotz aller gegenteiligen Beschwörungen, in schlechtem Ansehen, ist suspekt. Und in dem Maße, in dem uns diese Haltung zur eigenen geworden ist, haben wir den archimedischen Punkt aus den Augen und erst recht unter den Füßen verloren, von dem die Bildung ihren Ausgang zu nehmen hätte: das Humanum.

Wenn wir unsere Aufgabe als Erzieher primär vom Ergebnis her definieren, also sozusagen absatz- und verwertungsorientiert erziehen, wird die Liebe auf der Strecke bleiben, werden Nähe, Intimität und Vertrauen als Mittel verdächtig. Ohne böse Absicht, wir wollen zweifellos nur das Beste. Aber dieses »Beste« ist nicht gut genug: Die Kinder spüren Unaufrichtigkeit, sie merken, wenn es nicht um sie selbst geht, wenn wir sie, zumindest unterschwellig, wie Produkte behandeln, die wir so attraktiv zu designen und auszustatten versuchen, dass sie später möglichst viele Abnehmer finden. Dabei wissen wir immer weniger, wen und was diese Abnehmer – etwa Arbeitgeber – in Zukunft nachfragen werden. Und für diese Ungewissheit geben wir leichtsinnig das Wichtigste preis, das Wertvollste, was wir unseren Kindern mit auf den Weg geben können.

Liebe darf nicht mit »Produktmanagement« verwechselt werden, zur Emotionalität kann ich nur durch eigene, sozusagen absichtslose Emotionalität »ausbilden«. Wenn mein Kind nicht lernt, dass ich es nicht nur wegen seiner Leistungen, seines Gehorsams oder seiner äußeren Attribute liebe, sondern um seiner selbst willen, dann wird es daraus die »richtige« Lehre ziehen und sich sehr konsequent nach Kosten-Nutzen-Gesichtspunkten verhalten. Es will natürlich geliebt werden, wie wir alle; da es aber den eigenen Wert nicht kennt, wird es ihn an äußeren Kriterien bemessen und unser Produktmanagement in ein Ego-Management übersetzen. Um soziale Anerkennung zu erlangen, wird es, je nach Zielgruppe, investieren müssen, beispielsweise in Kleidung, Schmuck, Kosmetik, Bodybuilding, Computersoftware oder Autos, wird aber auf Enttäuschungen stets empfindlich reagieren, weil es nicht auf sicherem Grund steht, sondern auf dünnem Eis wandelt.

Wer kein oder zu wenig Selbstbewusstsein und Selbstwertgefühl ausbilden konnte, wird zum Anerkennungssüchtigen, wird jede Niederlage, jede Abweisung als schweren Entzug durchleiden und sich in seiner sozialen Existenz grundsätzlich bedroht sehen. Und diese Angst vor Selbstverlust kann sich – wenn sie nicht durch permanente Erfolgserlebnisse gemildert wird – in gestaute Wut verwandeln, die dann entweder nach innen (Vereinzelung) oder nach außen (Gewalt) abgeführt werden muss.

Ich glaube, hierin liegt eine der Ursachen für die zu Beginn dieses Abschnitts angeführte Zunahme von Einsamkeit und Aggressivität. Und da Selbstbewusstsein und Selbstwertgefühl ganz wesentlich in den frühen Kindheitsjahren grundgelegt werden, ist deren Mangel zweifellos auf Schwächen in der Erziehung zurückzuführen. Dieses Manko ist aber nun keineswegs den Eltern, den Familien allein anzulasten. Wer wollte es

Eltern verübeln, wenn sie versuchen, ihr Kind für die drohende 20:80-Gesellschaft fit zu machen, damit es nicht in der Masse der »Verlierer« untergehen, sondern zu den »wertvollen« 20 Prozent gehören wird. Wer wollte also bestreiten, dass die Ergebnis- und Nützlichkeitsfixierungen, mit denen wir andere, uns selbst und auch die einstige Bildung auf Standards reduzieren, die primär Markt- und Verwertbarkeitskriterien zu genügen haben, nicht längst auch in den Binnenraum der Familien eingedrungen sind? Und wen wollte das wundern, da selbst solche herausragenden Persönlichkeiten, die man für befähigt hält, Führungsaufgaben und Verantwortung zu übernehmen, die Marschrichtung längst vorgegeben haben: »Richtig ist«, um den britischen Premierminister Tony Blair zu zitieren, »was funktioniert«; »entscheidend ist«, um auch dem ehemaligen deutschen Bundeskanzler Helmut Kohl die Ehre zu geben, »was hinten rauskommt«.

Ich maße mir hier an, zu wissen, was bei solchen Äußerungen »hinten rauskommt« – beschränke mich aber, um nicht ausfallend zu werden, auf den Bereich der Bildung: zuerst die schlechte Bildungspraxis, wie wir sie kennen, und dann die Bildungskatastrophe. Es gibt so einiges, was funktioniert hat, vieles andere, was funktionieren könnte. Ich erspare mir die deprimierende Aufzählung. Ein Stich ins Herz funktioniert auch. Und dass in der Tat entscheidend ist, was beispielsweise bei einem Auto »hinten rauskommt«, dürfte Herr Dr. Kohl gerade nicht gemeint haben. Gemeint ist vielmehr: Der Zweck heiligt die Mittel, nur wer oder was etwas nützt, taugt auch etwas.

Ist das überspitzt formuliert? Überzeichne ich hier? Ich denke, wenn wir ehrlich sind, müssen wir einräumen, dass uns diese Haltung durchaus nicht fremd ist, dass wir alle, wenn auch jeder in unterschiedlichem Maße, die zweifelhafte Gewohnheit angenommen haben, andere Menschen, auch die eigenen Kinder, nach ähnlichem Kriterium zu beurteilen. Und der solcherart taxierte »Wert« prägt dann eben unsere Wertschätzung anderer sowie das eigene Selbstwertgefühl.

Dieses fehlgeleitete Nützlichkeits- und Tauglichkeitsdenken, dessen Verheerungen unverkennbar sind, stellt streng genommen auch einen Abschied von der Bildung dar. Denn Bildung soll zwar nützen und nützt auch, sie lässt sich aber, wie ich zu zeigen versucht habe, nicht auf Nützlichkeit, Brauchbarkeit, Tauglichkeit reduzieren. Und in diesem Spannungsverhältnis ist zugleich auch der Geburtsfehler aller institutionalisierten Bildung von vornherein eingelagert. Denn ausgerechnet die Schule, die doch der Bildung dienen soll, hat die von mir beklagte Grundhaltung sozusagen zum System gemacht. Jede Aktivität wird qua Zensur nach ihrer »Güte« bewertet, jede Leistung dadurch scheinbar mit den Leistungen anderer vergleichbar gemacht; Kinder und Schüler werden nach externen Qualitätsmaßstäben sortiert. Wie sollen also eine Mutter oder ein Vater als Fehler erkennen, was ganze Bataillone von Bildungsexperten als den richtigen Weg propagieren? Wie kann in und für die Familie falsch sein, was alle Bildungseinrichtungen praktisch exerzieren und pädagogisch legitimieren?

Dieser Widerspruch ist historisch gewachsen, aber ganz und gar inakzeptabel. Er belegt, weit mehr noch als das Dilemma der Erzieher, die Misere unseres Bildungssystems. In der bürgerlichen Gesellschaft des 19. Jahrhunderts mochte es ja vielleicht noch glücken, allgemeine Bildung und aktuellen Kompetenzbedarf leidlich gegeneinander auszutarieren; die Schule hatte noch ein eher ergänzendes Verhältnis zur Familie. Die Familie war der primäre Ort der Bildung, in ihr, nicht in der Schule, fand die Umsetzung des erlernten Wissens in gelebtes Dasein statt. Das hat sich jedoch mittlerweile, aus Gründen, von denen ich schon einige angeführt habe, deutlich verschoben, ohne dass die institutionalisierte Bildung darauf in irgendeiner Weise angemessen reagiert hätte.

In der Schule, so hat es Hartmut von Hentig, einer der in meinen Augen bedeutendsten deutschen Pädagogen, einmal gesagt, wurde und wird aus Bildung Schulbildung – und so, wie er das gesagt hat, muss man es als geradezu vernichtende Kritik auffassen. Zwar lehne sich die Schule an aufklärerische Ideale an, zwar beanspruche sie, die Schüler gemäß dieser Ideale – Kultur, Werte, Verantwortung, Mündigkeit – zu erziehen, sie betreibe aber letztlich etwas ganz anderes: »die Bedienung der Wirtschaft, die Regelung des Arbeitsmarktes, das Fitmachen für die Laufbahn, die Aufbewahrung der Kinder und die Disziplinierung der Jugendlichen«. Und selbst zur Ausführung dieses »Geschäfts« – so möchte ich hinzufügen – ist sie heute aufgrund struktureller Verkrustungen nicht mehr in der Lage. Sie kann nicht, was sie tun will und tun soll, und sie will und soll nicht, was sie tun kann. Ich werde versuchen, diesen Widerspruch, der leider unauflösbar ist, durchsichtig zu machen.

Zur Ehrenrettung der Schule möchte ich vorweg allerdings darauf hinweisen, dass sie von Beginn an, und zwar unverschuldet, weil unvermeidlich, vor einer Aufgabe steht, die wohl schlichtweg nicht zu bewältigen ist. Wie wir gesehen haben, sind die allgemeinen, die allgemein bildenden Schulen in einer pädagogischen Aufbruchstimmung entstanden, an deren Ideale sich das Schulsystem bis heute gebunden fühlt. Das ehrt es. Man wollte und will den natürlichen Bildungsgang, wie ihn beispielsweise Rousseau beschrieben hat, sozusagen systematisch simulieren, um ihn möglichst allen zugänglich zu machen. Aber genau hier verbirgt sich die Crux. Denn da die Schule nicht mit einzelnen, sondern mit vielen unterschiedlichen jungen Menschen zu tun hat, muss sie die Bildungsanlässe und -anregungen notwendig standardisieren sowie ihre Bildungsansprüche – qua Zensur, Prüfung, Versetzung – sanktionieren. Und das hat Konsequenzen, die den Sinn der Veranstaltung zu untergraben drohen: Das Ergebnis wird wichtiger als der Prozess, Wissen zählt mehr als Erfahrung, Objektives hat mehr Gewicht als Subjektives, Leben und Lernen fallen auseinander, aus Bildung wird Schulbildung.

Ich denke, das ist es, was Hartmut von Hentig gemeint hat. Nun bleibt diese grundsätzliche Kritik allerdings noch recht abstrakt. Ich werde meine kleine Bildungsreise deshalb fortsetzen und als Nächstes in der Schule Station machen – allerdings ohne die Familie hinter mir zu lassen. Denn in der strikt gewordenen Trennung von Familie und Schule sehe ich einen Teil des Problems. Die Eltern müssen fester in den Schulalltag, in die Lern- und Lehrpraxis integriert werden; sie müssen sich stärker einmischen und sollten sich nicht mit Halbjahresgesprächen und Elternabenden zufrieden geben. Um also nicht denselben Fehler zu begehen, der zu den wilden Zerklüftungen unseres Bildungssystems geführt hat, möchte ich die Familien auffordern, mich auf meinem weiteren Weg zu begleiten.

Die unmögliche Institution
oder:
Schule als verkehrte Welt

Und ein tiefer Wunsch ist in mir, ein
Sichnachaußendrängen, und gleich hebe ich den
Finger, ich Eingesperrter in die Schulklasse
Deutschland, und ich sage ein Wort, das Wort
meines jämmerlichen Lebens: »Herr Lehrer! Ich
möchte mal rausgehen!«

KURT TUCHOLSKY

Um die Schule ist es nicht gut bestellt. An ihr hängt der Glanz, aber vor allem der Mief einer alten Welt, die durch klar geregelte und überschaubare Abläufe gekennzeichnet war: Wer einen guten Schulabschluss machte, hatte ausgezeichnete Chancen auf einen attraktiven und sicheren Arbeitsplatz, mit festen Arbeitszeiten und langfristiger Aufstiegsperspektive. Entsprechend klar und überschaubar, unflexibel und immobil gestaltete sich die Schulpraxis – und gestaltet sie sich bis heute, bleibt damit aber jener anderen Welt verhaftet, die inzwischen als verkehrte erscheint: als ginge es darum, die Jugend nicht etwa für die Gegenwart und schon gar nicht für die Zukunft, sondern für die Vergangenheit zu erziehen und zu bilden.

Die Unterrichtsschule, wie wir sie kennen – und zunehmend gering schätzen –, ist nicht mehr zeitgemäß; sie war es in Wahrheit nie. Allenfalls in einer relativ kurzen Phase zu Beginn der Industriegesellschaft, während der hohen Zeit des Taylorismus, dürfte sie die von außen an sie herangetragenen Erwartungen voll erfüllt haben. Die neuen Fließbandproduktionen der großen Fabriken hatten keinen Bedarf an »gebildeten« Arbeitskräften, sie benötigten dressierte beziehungsweise dressierbare Arbeiter. Denken war unerwünscht, ja störend. »Bisher«, so schrieb Frederick Winslow Taylor damals, »stand die Persönlichkeit an erster Stelle, in Zukunft werden die Organisation und das System an die erste Stelle treten.« Strenge Hierarchie, strikte Arbeitsteilung, klare Anleitung, repetitive Arbeitsprozesse – hierauf kann die Schule, weil sie ähnlich strukturiert ist und sich als Organisation gern an die erste Stelle setzt, in der Tat gut vorbereiten. Aber genau hierzu ist sie nicht gedacht und wäre sie auch gar nicht nötig; das könnten andere Instanzen – Vorarbeiter, Meister, Vorgesetzte – noch weit besser. Wozu also Schule?

Soweit ich es sehen kann, ist eine überzeugende Antwort nach wie vor nicht gefunden; sie wird im Selbstlauf der Routine auch gar nicht mehr gesucht. Wieso wozu? Schule ist eben Schule, und sie macht im Wesentlichen das, was sie immer gemacht hat: Unterricht – wodurch sich die Kluft zwischen der Lebenswirklichkeit von Schülern und Eltern einerseits und dem antiquierten Schulalltag andererseits unweigerlich verbreitert. Und das führt zu wachsendem Unmut: Nur noch 25 Prozent der erwachsenen Deutschen stellen der Schule heute ein gutes Zeugnis aus, 75 Prozent hingegen halten die Fähigkeiten und Kenntnisse der Schulabgänger, vor allem hinsichtlich ihrer sozialen Kompetenz und Teamfähigkeit, für nicht ausreichend. Und nur noch weniger als die Hälfte der

Eltern – so hat es das Institut für Schulentwicklungsforschung in Dortmund Ende letzten Jahres ermittelt – legen gesteigerten Wert darauf, dass ihr Kind Abitur macht. So viel zur so genannten Wissensgesellschaft.

Die Kinder ihrerseits werden keinen Anlass sehen, den Eindruck ihrer Eltern zu korrigieren; ihr Unmut ist kaum weniger groß, eher größer. Erst kürzlich las ich an der Mauer einer deutschen Schule eine Selbstcharakteristik, die belegt, dass die Jugendlichen den Kern des Problems längst erkannt haben: »Wir sind die Schüler von heute«, stand da in großen Lettern, »die in Schulen von gestern, von Lehrern von vorgestern, mit Methoden aus dem Mittelalter auf die Probleme von übermorgen vorbereitet werden sollen.«

Wer die Schwächen so klarsichtig erkennt, der versucht natürlich auszuweichen und sich woanders stark zu machen. So klagen die Philologenverbände schon seit einiger Zeit beispielsweise darüber, dass immer mehr Oberstufenschüler – heute schon nahezu die Hälfte – neben der Schule berufstätig seien. In Wahrheit dürfte es sich andersherum verhalten: Sie gehen neben der Arbeit auch noch zur Schule. Und sie arbeiten in der Mehrzahl nicht ausschließlich, um Geld zu verdienen, sondern um folgenreich zu handeln, um Resonanz und Relevanz zu erfahren; das ist offenbar innerhalb der Schule, in den weltlosen Klassenzimmern, aus denen alles Handeln verbannt ist, nicht mehr möglich – eine fatale Segmentierung der Lebenswirklichkeit, deren einzelne Teile nur noch unverbunden und ohne erkennbare Anordnung neben-, über- oder untereinander stehen und die nach der Schulzeit wieder mühsam zusammengefügt werden müssen.

Und dies sind nur einige wenige Schlaglichter auf eine inzwischen chronisch anmutende Misere, die sich allein durch den Hinweis belegen ließe, dass die Schule als Thema zum Dauerbrenner geworden ist. Was wurde in den letzten Jahren nicht alles über sie gesagt und geschrieben: dass sie nicht mehr zu retten sei, oder doch zu retten sei, aber sich grundlegend ändern müsse; dass sie nicht mehr zeitgemäß sei und den Anschluss an die Lebenswelt der Schüler einerseits, aber auch an den Kompetenzbedarf der Wirtschaft andererseits gründlich verpasst habe; dass die Lehrer überfordert seien, weil sie zunehmend die Erziehungsaufgaben der Eltern mit zu übernehmen hätten; dass es zu wenig praktizierende und gleichzeitig zu viel arbeitslose Lehrer gebe; dass die Lehrerschaft überaltert sei; dass die Schule zu viel oder zu wenig Leistung fordere – und so weiter und so fort.

Ich kann und will das hier keinesfalls alles kommentieren oder auch nur rekapitulieren, werde aber auf den einen oder anderen Aspekt zwangsläufig zurückkommen. Für erwähnenswert halte ich zunächst einmal, dass all diese zum Teil hitzigen Diskussionen und Debatten erstaunlich wenig Spuren in den Institutionen selbst hinterlassen haben. Sie führten und führen hier oder dort – mal bei den Lehrern, mal bei Schülern und Eltern, mal in der Wirtschaft, mal bei den Politikern – zu Verdruss, gaben und geben Anlass zu Umfragen, Diplomarbeiten oder Forschungsvorhaben und werden zuletzt womöglich noch von der Kultusministerkonferenz verhandelt. Anschließend bleibt jedoch alles für gewöhnlich wie es war. Na ja, fast alles!

Selbstverständlich hat sich in den letzten, sagen wir,

hundert Jahren so einiges an den Schulen – an den Methoden des Unterrichts, an der Ausstattung, an den Lehrplänen – geändert. Führt man sich allerdings vor Augen, was sich innerhalb derselben Zeitspanne im Vergleich dazu in allen anderen Lebensbereichen an überwiegend radikaler Veränderung vollzogen und ereignet hat, so kann man nicht umhin, der Schule eine fast schon hoffnungslose Rückständigkeit zu attestieren. Solche »Beharrungskraft« mag nun der einen oder dem anderen durchaus sympathisch sein in Anbetracht all der stressauslösenden Umwälzungen, denen wir uns ausgesetzt fühlen: Wenigstens ein verlässlicher Bereich, der die Generationen nicht spaltet, sondern eine Art Erfahrungsreservat bereitstellt, das über Generationen hinweg nahezu identisch geblieben ist. Was in der Schule abläuft, welche Regeln und Prinzipien das Unterrichtsgeschehen prägen, das weiß die Oma ebenso wie ihr zehnjähriger Enkel. »Das Gute und Richtige hält sich eben doch. Hier zumindest.«

Aber so ist es nicht! Das Schulsystem hat seine Hauptaufgabe, die allgemeine Bildung, hier nur verstanden als Vermittlung kultureller Grundkenntnisse und Grundtechniken, wie Lesen, Schreiben und Rechnen, zwar alles in allem bisher recht leidlich erfüllt. Gut war es noch nie. Während aber die Bildungseinrichtungen im Industriezeitalter immerhin noch recht genau wussten, worauf sie ihre Zöglinge vorzubereiten hatten, entlassen sie ihre Absolventen mittlerweile in ein Umfeld, das von permanenter Veränderung gekennzeichnet ist. »Im Jahr 2010 wird ein Großteil der heute 18-Jährigen in Berufen tätig sein, die bisher noch nicht existieren«, ist man sich beispielsweise in den Reihen der OECD sicher. Vor allem darauf, nicht auf eine klare Berufsausrichtung, sondern auf den Berufswechsel, hätte die Schule ihre Schüler einzustimmen und eine Geisteshaltung zu lehren, die Veränderungen als banale Gegebenheiten des Lebens akzeptiert und jederzeit in der Lage ist, einmal Gelerntes wieder in Frage zu stellen.

Doch damit tut sie sich schwer. Wie soll eine unflexible Institution, die sich selbst gegen jede Veränderung stemmt, ihre Schüler Flexibilität lehren? Schon alle so genannten Reformen, die das Schulsystem bislang, und zwar stets zögernd, durchlaufen hat, haben zumeist lediglich den Wissensstoff vermehrt, aber nicht die Bildung verbessert. Und das liegt an dem schon erwähnten »Geburtsfehler«: Eine strikte Standardisierung von Inhalten und Verfahren behindert den Bildungsprozess eher, als dass sie ihn befördern könnte. Diese Standardisierung ist aber zum Teil unvermeidlich, zum Teil wiederum beabsichtigt, obwohl sie zu anderen Absichten, an deren Ernsthaftigkeit ich keineswegs zweifle, in krassem Widerspruch steht. Die Schule soll und will – so hat es die Pädagogin Marianne Gronemeyer einmal pointiert beschrieben – schlicht das Unvereinbare vereinbaren. Sie soll und will Bildung verbreiten und zugleich knapp machen; sie soll und will Chancengleichheit herstellen und zugleich Ungleichheit produzieren; sie soll und will soziale Tugenden vermitteln und zugleich die Schüler für den Konkurrenzkampf rüsten. An derart widersprüchlichen Aufträgen kann man nur verrückt werden oder zugrunde gehen.

Nun möchte ich mich hier nicht in bildungsphilosophischen Untiefen verlieren. Die »doppelte Legitimität« – Bildung einerseits, Ertüchtigung andererseits – ist uns ja schon in den vorangegangenen Kapiteln auf Schritt und Tritt begegnet; sie muss ausgehalten und vor allem ausgefüllt, darf jedoch nicht in Entweder-oder-Manier zur einen oder anderen Seite hin aufgelöst werden. Und gerade dieser »Verlockung« ist die Schule noch stets erlegen: Anstatt das Schwierige zu tun, ohne das Einfache zu lassen, schreibt sie sich »Bildung« und »Lernen« lediglich aufs Etikett, offeriert aber Ertüchtigung und Belehrung. Ein klassischer Fall von Etikettenschwindel. Lediglich marktorientierte Qualifikationen zu vermitteln, heißt darüber hinaus, das Dach schon decken zu wollen, noch bevor das Fundament überhaupt gelegt ist; denn Spezialwissen, wenn es sinnvoll angewendet werden will, muss in das kulturelle Wissen einer Gesellschaft eingebettet sein.

In dieser Hinsicht halte ich die Schule, obwohl sie eine »unmögliche Institution« ist, unbedingt für verbesserungsfähig. Sie hat jedoch bisher als System auf alle Verbesserungsversuche eben system-typisch, das heißt abwehrend, reagiert und sich allenfalls innerhalb der gegebenen – man muss sagen: überkommenen – Strukturen als geschmeidig erwiesen. An ihrer Grundausrichtung hat sich nichts geändert. Schulen erteilen Noten. Schulen sind fein säuberlich in Klassen gegliedert, und Schulen füttern die Beschulten mit präpariertem Stoff. Die dabei wirksamen Regeln und Prinzipien – nicht der Stoff – gehen in Fleisch und Blut über.

Seit seinen Anfängen in der Ständegesellschaft des 19. Jahrhunderts dient das Schulsystem in erster Linie als

Selektionsmechanismus. Jeder Schüler und jede Schülerin wird nach der Grundschulzeit – die Gesamtschule lasse ich hier einmal außen vor – in einen bestimmten Schultypus eingeordnet. Für jedes Leistungs-, nein genauer, für jedes Notenprofil – gut, mittel oder schlecht – sieht das Schulsystem eine besondere Schulart vor: Hauptschulen, Realschulen, Gymnasien. In diesen weiterführenden Schulen wird die Differenzierungsarbeit dann vollendet, bis die Schüler, sorgfältig nach der Güte ihrer Abschlüsse sortiert und markiert, in das Leben entlassen werden – ein Leben, über das sie in der Schule herzlich wenig erfahren haben.

Es ist klar, dass solche Art der Leistungsbewertung ein Höchstmaß an Standardisierung erfordert, weshalb alle staatlichen Schulen nach den gleichen, eben nach vergleichbaren Mustern arbeiten müssen – ganz so, wie man es sonst nur aus den Planwirtschaften kennt. Und das erste, wenn nicht ausschließliche Ziel jeder Planwirtschaft ist die Planerfüllung um jeden Preis, das heißt in diesem Fall die Einhaltung der vorgegebenen Lehr- und Stundenpläne, an deren Entstehung die Betroffenen selbst – Lehrer wie Schüler – nicht mitgewirkt haben. Also werden die Lehrpläne und die entsprechenden Stundentafeln abgearbeitet, und dies geschieht nun einmal am effektivsten mit dem Mittel der Belehrung.

Im Wesentlichen wird also Wissensstoff, nein, nicht vermittelt, sondern verabreicht, und zwar mittels eines auf Lehrervortrag zugeschnittenen Frontalunterrichts im 45-Minuten-Takt – eine recht triste, weniger lust- als leidvolle Angelegenheit, die nicht mit Bildung oder Lernen verwechselt werden sollte und die letztlich nur an den Mittelmäßigen orientiert ist und also Mittelmaß produziert; sowohl besonders begabte wie besonders schwache Schüler sind durch das einheitliche Klassenverbandslernen von jeher benachteiligt. So kann es kaum verwundern, dass eine kanadische Untersuchung jüngst ermittelt hat, dass die Gehirnaktivität von Schülern den ganzen Tag nie schwächer ist als während des Unterrichts. »Ich fürchte«, mahnte schon Georg Christoph Lichtenberg vor langer Zeit, »unsere allzu sorgfältige Erziehung liefert uns nur Zwergobst.«

Die Schule animiert zu nichts. (Ich verallgemeinere hier selbstverständlich; die vielen engagierten Lehrerinnen und Lehrer sollen sich hiervon nicht angesprochen fühlen; nicht ihnen gilt meine Kritik an dieser Stelle, sondern der Institution, die das Lernen und Lehren so schwer macht.) Schon Sokrates war davon überzeugt, dass der Mensch überhaupt nur im und durch das Gespräch lerne beziehungsweise sich der Wahrheit nähere: Man redet über eine Sache, um sie genauer zu erkennen, nimmt sie dabei auseinander und setzt sie am Ende wieder neu zusammen. Und selbst wenn das Gespräch zu keinem Ende kommt oder gar scheitern mag, sind die Beteiligten daran klüger geworden, haben mehr gelernt als durch präzise Informationen. Im Gespräch gebe ich kein Wissen weiter, um zu »informieren«; man redet, damit ein anderer etwas tut oder empfindet oder einsieht, wechselweise. Es ist klar, dass also nicht jedes Miteinander-Reden ein Gespräch ist.

Im Zeitalter der Medien redet zumeist einer zu vielen, die keine Gelegenheit zur Antwort haben, weshalb man dieses Zeitalter auch als eines der zerbrochenen Aufmerksamkeit und der erzählungslosen Information bezeichnen könnte. Ich habe einmal eine Untersuchung gelesen, die diese »Entwicklung« sehr schön dokumentiert hat und zu folgendem Ergebnis kam: Noch am Ende des 19. Jahrhunderts seien von 100 Wörtern, die ausgesprochen wurden, 90 direkt an eine Person gerichtet gewesen, die anderen zehn waren allgemeine Verlautbarungen an viele; heute sei das Verhältnis umgekehrt. Und für diese Umkehrung sind nicht nur die klassischen Medien – Buchdruck, Zeitungen, Radio, Fernsehen etc. – verantwortlich, auch die Schule mit ihrem Frontalunterricht wirkt kräftig daran mit.

Was aber ist es nun, das da in unseren Belehrungsanstalten verabreicht wird? Worüber werden die Schüler belehrt? Und wer legt die Inhalte, das so genannte Curriculum fest? Auch hier stößt man bei der Suche nach Antworten sehr schnell auf eine weitere Variante des schon bekannten Widerspruchs zwischen Anspruch und Realität: Das Wissen, das die Schulen zu vermitteln aufgerufen sind, wie auch die Methoden der Vermittlung selbst sollen natürlich auf dem neuesten Stand sein. Wer fände das nicht auch richtig? Wie aber lässt sich das bewerkstelligen? Selbstverständlich dadurch, dass alle paar Jahre eine Lehrplankommission zusammentritt, um nach allen Regeln der bürokratischen Kunst diesen neuesten Stand zu ermitteln und anschließend eine entsprechende Überarbeitung der Lehrpläne und Lehrmittel in Auftrag zu geben.

Jeder, der, obwohl er die Schule besucht haben mag, mit ein wenig Verstand gesegnet ist, wird die Aussichtslosigkeit des Unternehmens schnell erkennen. Und es ist schon immer aussichtslos gewesen, nicht erst, seit sich die Dinge, das Wissen und die Wissenschaften so rasant entwickeln wie in den letzten Jahrzehnten. Schon Goethe hatte die falsche Reduktion der Bildung auf ein Konsumgut angeprangert und sich ironisch darüber beklagt, »dass man jetzt nichts mehr für sein ganzes Leben lernen kann. Unsere Vorfahren hielten sich an den Unterricht, den sie in ihrer Jugend empfingen; wir aber müssen jetzt alle fünf Jahre umlernen, wenn wir nicht aus der Mode kommen wollen.«

Macht sich nun das Schulsystem die Lösung dieses Problems als Auftrag zu Eigen, erhebt es einen in meinen Augen falschen Anspruch, dem es in der Praxis gar nicht gerecht werden kann. Es ist wie der Startschuss zu dem bekannten Rennen zwischen Hase und Igel: Mögen sich Bildungsräte und Lehrplankommissionen auch noch so abstrampeln, sie werden immer zu spät kommen, selbst wenn sie ihre Grundschnelligkeit erheblich verbesserten. Neue Kenntnisse, die sich verändernden Umstände, Fortschritte in Wissenschaft und Technik lassen sich nicht – und schon gar nicht zeitgleich – in Bildungspläne übersetzen, die dann zum Standard für eine ganze Schülergeneration werden. Womöglich müssten solche »Pläne« täglich, mindestens aber wöchentlich aktualisiert und jedem Lehrerkollegium hierzu eine komplette Lexikon-Redaktion an die Seite gestellt werden. Das wäre absurd, es ist aber auch gar nicht nötig.

Die Schule verwechselt Aufmerksamkeit mit Aufnahmefähigkeit und reduziert dadurch Bildung auf die Zuteilung von Kenntnissen und Wissen. Bildung ist aber notwendig gebunden an die Eigenaktivität des Lerners.

Selbstverständlich muss es hierzu Anstöße geben, und natürlich gibt es jede Menge Inhalte, die zunächst einmal schlicht gepaukt werden müssen, wobei diese Grundlagen – etwa der Geschichte, der Mathematik, der Kunst und Literatur, der Naturwissenschaften oder der Fremdsprachen – wenig vergänglich oder aktualitätsanfällig sind. Doch erst wenn es der Schule gelingt, dass sich die Schüler das Pauken zu Eigen machen, kann daraus ein Lernprozess werden – es wäre dann nicht mehr nur so eine Art Wissensbulimie, ein Zwischenlagern bis zur nächsten Prüfung. Eine solche Kultur des Lernens wird jedoch nur gedeihen können, wenn die Belehrung auf ein Minimum beschränkt bleibt und wenn auch die Lehrer, wie dies ja schon Pasolini erkannt hatte, zu Lernern werden. »Man kann nicht lehren, wenn man nicht gleichzeitig lernt.«

Unter derart veränderten Voraussetzungen könnte die Schule meiner Einschätzung nach sogar den unter den alten Voraussetzungen falschen Anspruch verwirklichen, stets auf der Höhe der Zeit zu sein. Sie würde sich in eine lernende Institution verwandeln, in der das Wissen durch vielfältige Einflüsse wie von selbst aktualisiert wird: nicht mehr abgeschottet von allen anderen Lebens- und Bildungsbereichen, sondern offen, welthaltig, flexibel und nur mäßig standardisiert.

Ich höre die Lehrer schon aufstöhnen, denn selbstverständlich würde ihre Arbeit dadurch sehr viel schwieriger. Für mich als Lehrer ist es natürlich recht bequem, wenn ich von der Behörde den Stoff ausgehändigt bekomme, den ich dann schlichtweg an meine Schüler zu verteilen habe. Wenn aber das »Was« gegenüber dem

»Wie« stark in den Hintergrund tritt, bin ich plötzlich ganz anders, als Mensch und Person, gefordert. Und genau das muss passieren, damit sich Bildung ereignen kann.

Ich habe das in meinem letzten Buch als das »Geheimnis der roten Wangen« umschrieben und eine Situation aus meiner eigenen Schulzeit geschildert, in der ich, ausgelöst durch einen Lehrerwechsel, ganz plötzlich von einem »schwachen« zu einem »guten« Schüler wurde – ausgerechnet in Mathematik. Und dies geschah nicht, weil ich über Nacht intelligenter geworden wäre, sondern weil der neue Lehrer der gesamten Klasse das Gefühl vermittelt hat, »ihr könnt das, das ist nicht kompliziert, ich habe Vertrauen, ihr werdet das schaffen«. Da kam einer und ließ mich auf Anhieb ein Zutrauen in die eigenen Fähigkeiten entwickeln. Das hat mich beflügelt.

Um ein solches Zutrauen zu entwickeln, muss man sich angenommen und im buchstäblichen, zumindest aber im übertragenen Sinne »geliebt« fühlen. Das geht jedem Kind und jedem Erwachsenen so. Nicht nur zwischen Verliebten, in der Familie und im Freundeskreis, sondern in jeder Beziehung, auch am Arbeitsplatz und in der Schule, geht es um den Austausch zwischen Menschen – und dieses Miteinander hat etwas mit Gefühlen zu tun. Es ist ein Irrtum zu glauben, Pädagogik sei eine bloße Technik, die man sich an der Universität, durch Experten vermittelt, aneignen könne. Wenn es so wäre, könnte man die »Systemeinheit Kind« in letzter Konsequenz mit einem Handbuch ausstatten, in dem für den jeweiligen »User« alles Wissenswerte über Bedienung, Pflege, Instandhaltung und Wartung aufgezeichnet ist.

Gefühle lassen sich aber nicht verabreichen. Sie müssen zugleich individuell und interaktiv ausgedrückt, empfunden, angenommen werden. Und je besser das gelingt, umso mehr werden Intelligenz, Gedächtnis und Kreativität beflügelt. Wenn ich einen Blackout habe in einer Situation, in die ich emotional nicht besonders verstrickt bin, dann zucke ich mit den Schultern, überspiele meinen Lapsus, indem ich das Gespräch schnell in eine andere Richtung lenke, oder entschuldige mich höflich. Passiert mir das allerdings in einem emotional geladenen Umfeld, oder stellt mir jemand, der mir am Herzen liegt, eine Frage, auf die ich keine Antwort weiß, obwohl ich sie wissen sollte, dann erscheint auf meinen Wangen eine leichte Rötung. Und genau das ist, was der gute Pädagoge macht: Er schafft Situationen, in denen mein Nichtwissen meine Wangen färbt. Solche Situationen sind prägend, und sie dürften sich nicht nur zufällig ereignen, weil es einem einzelnen Lehrer, trotz aller Rahmenbedingungen, gelingt, dass seine Schüler sich wohl fühlen, sondern sie müssten sozusagen systematisch »hergestellt« werden, indem die Gesprächs- oder Dialogform den Frontalunterricht ersetzt.

Vorerst sind wir jedoch noch weit davon entfernt. Es hat sogar den Anschein, als würden wir uns nicht auf einen solchen Zustand hin-, sondern weiter von ihm wegbewegen, obwohl gleichzeitig die Debatte über eine Reform der Schulen an Dynamik gewinnt. Der Ruf nach Erneuerung, nach Modernisierung wird vielstimmiger und lauter. Selbst die Bildungspolitik hat sich die Kritik inzwischen offenbar zu Herzen genommen und reiht sich forsch in die Reihen der Rufer ein. Und wo setzt sie an?

Genau dort, wo es am wenigsten wehtut und wo sich die vermeintliche Modernitätslücke am sichtbarsten materialisiert – wo also eine auf Wählerstimmen fixierte symbolische Politik den größten Zuspruch erwarten kann.

»Lernen mit dem PC muss zum Unterrichtsalltag gehören«, fordert etwa der Vorsitzende der Kultusministerkonferenz und Bildungssenator von Bremen, Willi Lemke; bis »zum Jahr 2006 soll jeder Schüler mit einem Laptop ausgestattet« sein, kündigt gar die Bundesbildungsministerin, Edelgard Bulmahn, entschlossen an; und die politische Spitze, der für seine zupackende Art berüchtigte Bundeskanzler Gerhard Schröder, lässt es sich nicht nehmen, auch die Spitzenforderung zu stellen – »das Ziel heißt Internet für alle« – und höchstselbst als Erster Hand anzulegen: Mit der Hilfe und dem Geld der von ihm gegründeten Initiative D21, in der sich über hundert Unternehmen zusammengeschlossen haben, sollen alle Schulen schnellstmöglich, bis zum Ende des Jahres 2001, mit einem Internetzugang versorgt werden.

Um gar nicht erst Missverständnissen Vorschub zu leisten: Ich bin beglückt! Und ich finde es wunderbar, wenn sich die Wirtschaft, auf wessen Initiative hin auch immer, in den Schulen engagiert. Ein anderes Missverständnis aber, dem die zitierten Forderungen und die Kanzlerinitiative Vorschub leisten, darf auch nicht aufkommen: dass eine flächendeckende Vernetzung und Computerisierung der Schulen die Bildungsmisere auch nur im Ansatz beheben könne. Für kein einziges der von mir bislang angerissenen Probleme stellten der Computer oder das Internet eine Lösung bereit; kein einziger der von mir benannten Widersprüche ließe sich elektronisch aus der Welt schaffen. Also, was geschieht hier eigentlich? Und warum?

Zur Freude darüber, dass überhaupt endlich etwas geschieht, gesellen sich Verwunderung und die böse Ahnung, dass der plötzliche Aktionseifer von der Misere ablenken und die Gemüter beruhigen wird, so dass am Ende doch nur wieder alles bleibt, wie es war – wenngleich auf höherem Ausstattungsniveau. Es ist doch erstaunlich, dass heute alle Welt von der Bildung spricht und den Zustand der Bildung beklagt, aber kaum jemand über Bildung nachzudenken scheint. »Computer müssen her! Und zwar sofort, für alle Klassen!« Wer fragt noch nach Begründungen, wer nach pädagogischen Konzepten? Als sei der Einsatz von Computern selbstevident. Und wen kümmert gar die Finanzierbarkeit? Offenbar genügen einige wirtschafts- und gesellschaftspolitische Sprechblasen – »Schlüsseltechnologie«, »Kulturtechnik«, »Medienkompetenz« –, und schon fließt bislang unauffindbar geglaubtes Geld in Strömen, fügen sich Education und Entertainment zum neupädagogischen Edutainment zusammen. Das ist modern, das überzeugt. Und gerecht ist es angeblich auch, weil die Technik ja schließlich keinen Dünkel kennt; anders als der noch so bemühte Lehrer wird der Computer nie jemanden bevorzugen oder benachteiligen, sondern die unterschiedlichen Talente der Schüler auf spezifische Weise und im jeweils angemessenen Tempo entfalten und fördern. Schöne, neue Bildungswelt.

Besonders apart ist es in diesem Kontext, wenn man die öffentlichkeitswirksame »Ausstattungsinitiative« mit der zweiten Hauptforderung der neuen Bildungsreformer, auf die ich später noch eingehen werde, verknüpft: Angesichts der überragenden Bedeutung wirtschaftlicher Zusammenhänge in unserer vernetzten Welt, müsse mehr Wirtschaft, müsse wirtschaftliches Denken und Handeln in der Schule gelehrt werden, am besten als eigenständiges Fach. Da hätten Lehrer und Schüler doch gleich geeignetes Anschauungsmaterial: Jeder wirtschaftlich orientierte Betrieb muss jede Investition auf ihre Finanzierbarkeit und ihren möglichen Nutzen hin prüfen. Je größer die Investition, desto höher sind in der Regel die Erwartungen, die daran geknüpft werden. In der Frage der zwar ehrgeizigen, ansonsten aber durchaus nicht geizenden Computerisierung und Vernetzung von Schulen scheinen solche Überlegungen hingegen nicht die geringste Rolle zu spielen – jedenfalls nicht auf Seiten der Bildungspolitik. Präzise Vorstellungen darüber, wie die Computer eingesetzt werden sollen und worin ihr Nutzen besteht, werden nirgends formuliert; pädagogische Konzepte und hinreichend ausgebildete Lehrkräfte fehlen und werden – was noch bedenklicher stimmt – auch nirgendwo ernstlich vermisst.

Bei den Firmen hingegen, die den Kanzler in seiner Initiative unterstützen, dürfte sich die Situation ganz anders darstellen. Zwar ist ihr finanzielles Engagement uneingeschränkt zu begrüßen, es ist aber – wogegen es nichts einzuwenden gibt – ganz sicher nicht uneigennützig. Die »Investition« in eine bessere Ausstattung der Schulen wird von den Spendengebern gewiss wohl bedacht worden sein. Sponsoring hat vielleicht viele Gesichter, aber nur eine Seele: Es muss sich langfristig »rechnen«; abgesehen von der steuerrechtlichen Seite, geht es am Ende immer um höhere Rentabilität, um Imagegewinn, um die Erschließung neuer Absatzmärkte und Kundenkreise. Und das Kalkül könnte durchaus aufgehen, denn der Bildungs- und Lernsoftware-Markt ist auf strammem Expansionskurs. Branchenkenner, wie das englische Marktforschungsinstitut »Datamonitor«, prognostizieren für den europäischen Edutainment-Markt eine Umsatzsteigerung von rund 200 Millionen Mark auf dann eine Milliarde Mark im Jahr 2002. Und das wird erst der Anfang sein.

Wird sich also das Lernen grundlegend wandeln – auch wenn dies überwiegend plan- und ziellos geschieht? Und werden die Kritiker dieser kopflosen elektronischen Aufrüstung schon sehr bald verschämt verstummen angesichts all der großartigen innovativen Projekte, durch die das neue Medium den Schulalltag bereichern wird? Schon heute schließen sich deutsche und japanische Schüler in Webcam-Konferenzen zusammen, um in gemeinsamen Unterrichtseinheiten Mathematik zu lernen; an einzelnen Projektschulen werden erste Internet-Klassenzimmer eingerichtet, in denen die Schüler an vernetzten Computern lernen und die die klassische Unterrichtsschule zweifellos revolutionieren könnten – sie würden sie in Wahrheit womöglich überflüssig machen.

Tausende von Schulen präsentieren sich inzwischen auch auf einer eigenen Website oder Homepage und machen dadurch die Presse, die ja ansonsten wenig Erfreuliches über die »Bildung« zu vermelden hat, auf sich aufmerksam. Regionale Zeitungen loben daraufhin Preise aus, wie den »Schoolsite Award« in Berlin, prämieren das beste Design und erfreuen sich öffentlich an den Kreationen der Schüler, die doch zweifelsfrei belegen, dass die Schulen endlich ihren Weg in das IT-Zeitalter angetreten haben. »Während manche Seiten relativ einfach mit Editoren wie Frontpage gestaltet wurden«, liest man dann zum Beispiel und sieht milde über die sprachliche Unbeholfenheit hinweg, »haben andere direkt auf der HTML-Ebene programmiert und bieten ein fast professionelles Design. Auch Java-Script und Flash-Animationen sind für viele Schüler keine Fremdwörter mehr.«

Na bitte! Wer wollte da noch nörgeln? Wenn alle von der schönen neuen Medienwelt schwärmen, in der auch Flash-Animationen keine Fremdwörter mehr sind, wenn der lang gehegte Traum vom mühelosen Lernen kurz vor seiner Erfüllung zu stehen scheint, wenn 96 Prozent aller Eltern glauben, dass der Umgang mit Computer und Internet die Entwicklung ihrer Kinder positiv beeinflusst – dann würde ich mich hier wohl schrecklich unbeliebt machen, wenn ich die geschilderten Aktivitäten für überflüssig oder unsinnig erklärte. Nichts liegt mir ferner. Ich möchte sogar betonen: Alles, was die Motivation und Identifikation von Schülern und Lehrern erhöht, wäre erwünscht und geboten. Ich gebe nur kleinlaut zu bedenken, dass ein modernes Erscheinungsbild der Schule noch nichts an ihrer antiquierten Grundverfassung ändert, dass Homepages, Webcam-Konferenzen oder Internet-Klassenzimmer die beklagte Bildungsmisere ganz bestimmt nicht werden beheben können. Der Computer hat mit Sicherheit weit weniger Einfluss auf die Bildung der Kinder als auf die Psyche von Eltern und Lehrern, die sich durch seinen Einsatz und durch die Versprechungen der Software-Industrie, schon bald für jedes Problem ein geeignetes Programm anbieten zu können, entlastet fühlen.

Hier regiert das Prinzip Hoffnung. Kaum erheben Wirtschaft und Politik den Anschluss ans Internet zum Kriterium für unsere Zukunftsfähigkeit, gilt es als unzweifelhaft erstrebenswert, »im Netz« zu sein und sich damit als Bestandteil eines großen, fast mystischen Gewebes zu fühlen: »Ich bin drin!« »Ich gehöre dazu.« Und nebenbei könnten der Zauber, der von der neuen Technik ausgeht, die Verheißungen, die sie verspricht, eine demoralisierte Lehrer- und Schülerschaft aus ihrem Tief herausholen. Das Ganze kommt mir fast so vor wie eine Art Fronttruppenbetreuung mit Show-Programm: Man bringt ein wenig Glanz ins Elend, ohne dass der Schein eines besseren Lebens die reale Situation der Soldaten – in unserem Fall der Lehrer und Schüler – auch nur im Ansatz verbessern könnte.

Sei´s drum. Wenn es nur ein Stück weit gelänge, die Motivation zu heben und die Laune zu verbessern, wäre im Bereich unserer Schulen schon einiges gewonnen. Aber mit Bildung hat das mindestens so lange nichts zu tun, solange keine pädagogischen Konzepte damit verknüpft werden. Ein Manager oder Unternehmer würde doch auch nicht auf die Idee verfallen, zu glauben, das Betriebsergebnis allein dadurch verbessern zu können, indem er seinen Buchhalter mit der neuesten Rechenmaschine ausstattet, alles andere aber unverändert lässt. Vielleicht macht der Buchhalter in Zukunft weniger Überstunden – wenngleich die Praxis solche Hoffnung zumeist enttäuscht. Es könnte allerdings auch sein, dass das neue Arbeitsmittel dem Buchhalter die Arbeit nicht erleichtern, sondern abnehmen, ihn also ersetzen soll, wodurch der Personaletat unmittelbar entlastet würde.

Soweit ich sehe, hat das im Falle der Lehrer zwar niemand vor. Es entspräche allerdings durchaus der Logik all der vermeintlichen Leistungen, die man dem neuen Lernmedium, dieser Bildungswunderwaffe zuzutrauen scheint. Nicht mehr der Pädagoge, so äußerte sich etwa der Schulleiter einer durch die Bertelsmann-Stiftung aufwendig »vernetzten« Projektschule, sei »die Quelle des Wissens«, sondern das Internet, weshalb sich die Rolle des Lehrers radikal verändern werde. Man fragt sich, wie eine solche Veränderung wohl aussehen mag, und ob nicht vielmehr eine andere Entwicklung sehr viel näher liegt: Wir verbeugen uns kleinlaut vor der unwiderlegbaren Überlegenheit des Computers und überlassen ihm neidlos das Feld. Denn von der Äußerung des erfahrenen Praktikers ist es in der Tat nur noch ein sehr kurzer Weg zu »Tele-Learning« und »Home-Schooling«, zum virtuellen Klassenzimmer am Bildschirm zu Hause oder – nimmt man die Bildungsministerin beim Wort – vor dem Laptop im Grünen. School's out!

Ich höre schon den Widerspruch: So sei das ganz bestimmt nicht gemeint gewesen! Selbstverständlich brauchen wir weiterhin Schulen und möglichst gut, aber anders ausgebildete Lehrer. Das sei nun wirklich gewiss! Und ich möchte das auch sofort glauben, weil ich ja weiß, dass ein Computer niemals eine Situation herstellen könnte, die mir die Wangen färbt. Ich muss aber dennoch fragen: Warum und wozu brauchen wir denn in Zukunft Lehrer, bei all den Wunderdingen, die man vom Internet, dieser »Quelle des Wissens«, zu erwarten scheint? Es gehe darum, so lese und höre ich allenthalben, den Kindern »Medienkompetenz« zu vermitteln, da der Umgang mit den neuen Informationstechnologien in unserer Wissensgesellschaft zu einer kulturellen Grundfertigkeit geworden sei oder demnächst werde, die man dem Lesen, Schreiben und Rechnen mindestens gleichrangig an die Seite zu stellen hätte.

Starke Argumente, denen ich mangels eigener Kenntnisse und bei nur schwach ausgebildeter Grundfertigkeit spontan zustimmen möchte! Aber was genau soll ich mir unter »Medienkompetenz« eigentlich vorstellen? Welche Fertigkeiten machten mich wozu kompetent? Die Fähigkeit, mich über Symbole mitzuteilen? Nun ja. Zu wissen, wie man den Computer anstellt und bedient, Programme lädt oder löscht, E-Mails abruft oder verschickt? Zu wissen, wie man eine Homepage gestaltet, welche Suchmaschine wofür geeignet ist, wie ich für ein Referat im Internet recherchiere oder wo sich die besten Datenbanken befinden? Worin wäre ich kompetent, wenn ich all das und noch viel mehr wüsste?

Sicher, ich wäre besser qualifiziert im Umgang mit dem Computer, aber weder mehr noch weniger gebildet als zuvor. Und ich hätte mit dieser Qualifizierung allein auch noch keine bessere Voraussetzung für Bildung geschaffen, weshalb die so genannte Medienkompetenz gar keine »Grundfertigkeit« sein kann: Ich muss zu ihrer Ausbildung wie zu ihrer Anwendung mindestens lesen und schreiben können. Kurz, nur wer die Grundfertigkeiten

Lesen, Schreiben und Rechnen beherrscht, wird sein Wissen erweitern und beispielsweise solche wichtigen Sekundärfertigkeiten, wie den souveränen Umgang mit Computer und Internet oder die Kenntnisse einer Fremdsprache, ausbilden und nutzen können.

Es spricht in meinen Augen ja gar nichts dagegen, die neuen Medien in der Schule zum Einsatz zu bringen. Wir sollten dabei nur die Kirche im Dorf lassen. Denn um »Medienkompetenz«, so wie ich sie verstehe, auszubilden, sind zunächst einmal weder Computer noch Internet nötig, sondern eher hinderlich. Um Kindern zu zeigen, wie man eine Tastatur bedient, oder um sie mit der Bildschirmoberfläche und den Möglichkeiten eines interaktiven Mediums vertraut zu machen, brauchen wir keine Unterrichtsreform; die Sache ist schnell erledigt, wobei die Lehrer hierbei in der Regel weit mehr von ihren Schülern zu lernen hätten als umgekehrt. »Medienkompetenz« kann aber doch nur bedeuten, dass ich in der Lage bin, die heute überall und jederzeit kinderleicht abrufbaren Informationen zu gewichten, einzuordnen, zu bewerten und in den unüberschaubaren Datenmengen halbwegs die Orientierung zu behalten. Hierzu jedoch sind Fähigkeiten gefordert, die mit den neuen Medien durchaus nichts zu tun haben und die schon gar nicht durch sie selbst vermittelt werden können.

Das Internet ist nichts anderes als ein Medium mit angeschlossenen Datenspeichern: ein weltweiter Verbund von maschendrahtähnlich verknüpften Computernetzwerken, der den Austausch von potenziell unendlich großen Datenmengen ermöglicht. Das ist im Grunde auch schon alles. Dennoch dürften die gesellschaftlichen und ökonomischen Auswirkungen dieses im Prinzip schlichten Gebildes denen der Automobilisierung während der ersten Hälfte des vergangenen Jahrhunderts in nichts nachstehen. Insofern ist es unbedingt geboten, sich mit den neuen Kommunikationsmöglichkeiten auseinander zu setzen, einschließlich der Gefährdungen, die von ihnen ausgehen könnten. Und eine Gefahr, die man anfangs auch beim Auto gering schätzte, scheint mir schon heute virulent: So wie der schnell gewachsene Individualverkehr innerhalb kürzester Zeit massive Umweltprobleme verursachte und die Atmosphäre mit Stickoxiden verschmutzte, so verpestet das noch schneller wachsende Internet den digitalen Raum mit Unmengen von Datenmüll. Daran nimmt zwar unmittelbar niemand Schaden, doch könnten die indirekten Folgen fatal sein.

Neben zunehmender Vergleichgültigung und Orientierungsschwäche droht auch eine weitere Erosion des Sozialen, da der elektronische Weltumgang bei aller vermeintlichen Kommunikation isolierende Tendenzen hat. Er verhindert den Kontakt und lässt sozusagen das Ensemble der Sinne verkümmern; Gestik, Mimik, Stimmmodulation, Tast- und Geruchssinne spielen beim Austausch von Daten keine Rolle mehr und werden, schleichend noch, auch in der wirklichen Welt zunehmend als Störungen, als lästige Verzögerungen empfunden.

Acht Millionen Deutsche, das ergab eine Messung der Gesellschaft für Konsumforschung, surfen am Wochenende oft stundenlang durchs Internet, das durchaus Suchtpotenzial besitzt, weil jeder Mausklick unmittelbar mit neuen Bildern und Informationen »belohnt« wird. So gibt es inzwischen bereits erste Selbsthilfegruppen, wie zum Beispiel »onlinesucht.de«, auf deren Website kürzlich ein anonymer Surfer klagte: »Meine Freunde sind mir längst lästig geworden.«

Ein weiterer Aspekt soll hier zumindest nicht unerwähnt bleiben, auch wenn er nicht unmittelbar das Thema »Schule« berührt. Die Vorstellung vom Segen spendenden, erdumspannenden Netzwerk mit seiner nicht-hierarchischen, dezentralen Struktur, das eine Art herrschaftsfreie Gegenöffentlichkeit darstelle, jeden Bewohner dieses Planeten ohne Ansehen seiner Person mit Informationen versorgen könne und die Welt in ein egalitäres globales Dorf verwandle, ist natürlich nichts als ein moderner Mythos, eine Erlösungsfantasie. Wenn erst alle mit allen über alles reden, so die fixe Idee, dann wird es auch keine unlösbaren Probleme und unüberbrückbaren Gegensätze mehr geben. Kommunikation total.

Mit der Realität hat diese Fantasie nicht das Geringste zu tun. In Wahrheit ist die Cybergemeinde höchst ungleichmäßig über den Globus verteilt, und sie ist, obwohl sie Jahr für Jahr Millionen Mitglieder dazugewinnt, viel kleiner, als wir es uns auf unseren Wohlstandsinseln vorstellen; der angeblich ununterbrochene Redefluss ist bislang kaum mehr als eine Small-Talk-Pfütze. Lediglich drei bis fünf Prozent der Weltbevölkerung nutzen heute das Internet, für die übergroße Mehrheit der Menschheit ist und bleibt der Zugang zu Computern und zum »World Wide Web« unerschwinglich; Afrika und der Nahe Osten beispielsweise, die zusammengenommen gerade einmal ein Prozent der Internet-Nutzer stellen, sind praktisch vom Netz abgeschnitten.

Das heißt, die Kluft zwischen Arm und Reich, zwischen Habenichtsen und Habenden, zwischen Uninformierten und Informierten hat sich in der so genannten Informationsgesellschaft dramatisch verbreitert: Zur sozialen ist nun die digitale Spaltung hinzugekommen. Während nahezu die Hälfte der Menschheit nach wie vor weder über Telefon noch über Elektrizität verfügt, fabulieren wir von einem neuen Zeitalter, in dem alles mit allem zusammenhängt, und verwechseln unseren medialen Mikrokosmos mit der Wirklichkeit. Was soll mit einem weltweiten Netzwerk gemeint sein, das mehr als 95 Prozent der Welt beziehungsweise der Weltbevölkerung rigoros ausspart?

Anders gesagt: Heilserwartungen, Lobesgesänge, Ehrfurchtsbezeugungen und falsche Anbiederungen erscheinen mir völlig unangemessen. Stattdessen wäre eine unaufgeregte Nüchternheit gefordert – gerade im für unsere Zukunft so entscheidenden Erziehungs- und Bildungsbereich. Das Internet ist nicht mehr als ein Instrument, ein Hilfsmittel, noch nicht einmal ein besonders gutes, bis jetzt; es ist ganz gewiss weder ein Garant für Chancengleichheit und Gerechtigkeit noch eine »Quelle des Wissens«, wie der oben zitierte, vermutlich vom plötzlichen Ausstattungssegen euphorisierte Schulleiter vermeint.

Vereinfacht gesagt, ist das World Wide Web ein unvorstellbar großer Speicher von Daten, die für sich genommen völlig sinn- und wertlos sind. Erst wenn jemand bestimmte Daten abruft, werden diese Daten zu Informationen, die zunächst einmal auch nichts weiter sind als richtige oder falsche Aussagen über etwas in der Welt. Damit diese Informationen wiederum zu Wissen werden, muss ich als »Nutzer« etwas Wesentliches hinzugeben: Ich muss die empfangenen Informationen mit meinen Erfahrungen, meinen Kenntnissen, meinem Leben in einen Zusammenhang knüpfen, sie also mit Bedeutung belegen und verstehen können. Erst jetzt, sofern und sobald Informationen in einem Bewusstsein integriert und organisiert werden, wäre es überhaupt sinnvoll, von »Wissen« zu sprechen.

Hierzu sollte die Schule anleiten, anstatt unreflektiert sich und ihre Schüler dem bunten Schein des Mediums auszuliefern und die Online-Welt als unerschöpflichen Wissensquell zu feiern, aus dem auf jede Frage eine Antwort sprudelt. Wenn die Kinder nicht zur Distanz ermutigt werden, kommen sie dem Gerät sozusagen zu nah. Und dieses merkwürdige, vermeintlich intime Nahverhältnis hat weitere Fehlentwicklungen zur Folge; so neigen wir dazu, sei es aus Trägheit, sei es aus einem falsch verstandenen Sicherheitsbedürfnis, auch solche Kompetenzen auf die Technik zu übertragen, die wir nach wie vor besser an uns selbst ausbilden sollten.

Ein Beispiel: In der so genannten Wissensgesellschaft, so heißt es im »IT-Neusprech«, wird das »Wissen« zur wichtigsten Ressource, werden wir uns über kurz oder lang alle in »Wissensarbeiter« verwandeln. Das ist natürlich, sofern meine Argumentation bis hierhin richtig war, nichts als dummes Gerede. Das Gegenteil wird passieren. Da es angesichts der explosionsartigen Vermehrung von Informationen und Kenntnissen niemandem mehr möglich ist, auch nur annähernd Schritt zu halten, werden Konfusion und Verhaltensunsicherheiten massiv zunehmen. Auch das Dilemma der Erzieher, viele Schwierigkeiten in Erziehung und Bildung resultieren ja schon heute, ich habe das oben beschrieben, nicht aus einem Mangel an »Wissen«, sondern an Orientierung – hervorgerufen unter anderem durch ein Übermaß an Information, das man nicht mehr verarbeiten kann. Und weil das so ist, tendieren wir dazu, den eigenen, internen Speicher, unser Gedächtnis, zunehmend zu »entlasten« und dadurch Stück für Stück zu löschen; stattdessen vertrauen wir uns dem großen, externen Speicher an: Wozu soll ich mir noch einprägen, was dort sicher verwahrt und jederzeit abrufbar ist? So kommt es, wie Hans Magnus Enzensberger einmal über die Internet-Kultur bemerkt hat, »dass wir uns immer mehr immer weniger lange merken können«. Am Ende werden wir kaum noch in der Lage sein, die Oberfläche jenes Datenmeeres zu durchstoßen, auf dem zu surfen die Kinder nun sogar schon in der Schule angeleitet werden sollen.

Solche kritischen Einwürfe bringen den Kritiker allzu schnell in den Ruf, ein Technikfeind zu sein. Darauf muss wohl auch ich nun gefasst sein. Da wird es kaum helfen, wenn ich hier schwarz auf weiß bekenne: Ich bin kein »Internet-Stürmer«! Ich halte Technikfeindschaft sogar für eine Dummheit. Ehrlich! Wir brauchen die Technik zum Leben! Ich nehme mir nur bescheiden heraus, zu fragen, welche Technologie wozu dient, für welches Problem diese Technologie eine Lösung bietet, wo sie sinnvolle Anwendung finden könnte und wo sie möglicherweise nur Ballast darstellt oder sogar mit Gefahren verknüpft ist.

Eine Studentin hat mir erst kürzlich erklärt, ich solle das alles nicht so aufbauschen. In vielen Punkten sei zwar Kritik angebracht, aber es handele sich hier doch lediglich um ein in zahlreichen Belangen äußerst hilfreiches Medium. Nichts weiter. Für alles, was wir damit anstellen, seien wir doch schließlich selbst verantwortlich. – Ich konnte der jungen Frau nur rundweg zustimmen. – Allerdings, fuhr sie fort, bestünde der wirklich entscheidende Vorteil dieses Mediums gegenüber allen anderen Medien in seiner Geschwindigkeit. Ich höre das oft, und es klingt irgendwie einleuchtend: Zeit ist Geld. Aber erstens treffe ich merkwürdigerweise nur auf Menschen, die über all die sinnlosen Botschaften klagen, die sich in ihrem elektronischen Briefkasten einfinden, und die somit glaubhaft machen, dass heute letztlich alles viel länger dauere, weil immer mehr Material zu verarbeiten sei; und zweitens frage ich mich, was es mit dieser Freude an der Geschwindigkeit wirklich auf sich hat: Hier einige Sekunden gespart und dort eine Minute, haben wir nach Ablauf eines Jahres vielleicht zwanzig Stunden auf dem Haben-Konto. Und wenn wir dann am Ende unserem Schöpfer gegenübertreten, lächeln wir wohl insgeheim, weil wir wissen, dass wir in unserem Leben so einige Monate gespart haben. Wofür auch immer.

Schnell zurück ins Diesseits: Aufmerksamkeit und Konzentrationsfähigkeit, Skepsis und Urteilsvermögen sind meines Erachtens die entscheidenden Charakteristika jeder Medienkompetenz – ob das Medium nun »Buch«, »Fernsehen« oder »Internet« heißt. Und diese

Fähigkeiten können prinzipiell, und zwar ohne den Einsatz von Computern, in jedem beliebigen Fach, in Mathematik ebenso wie in Deutsch oder Geschichte, gefördert werden. Hierauf hätte die Schule ihr Hauptaugenmerk zu richten, anstatt die geschilderte Entwicklung freiwillig oder fahrlässig zu forcieren und sich damit am Ende womöglich selbst überflüssig zu machen. Das bedeutet, ich betone das noch einmal, nicht, dass jeglicher Einsatz von Computern in Schulen oder gar die Technologie als solche abzulehnen wären. Weit gefehlt. Eine so verstandene Medienkompetenz kann und sollte durchaus auch im tätigen Umgang mit PC und Internet eingeübt werden. Es käme auf das pädagogische Konzept an – womit wir wieder am Ausgangspunkt angelangt sind: Derartige Konzepte fehlen und werden offenbar auch nicht ernstlich vermisst.

Soweit mir bekannt ist, wird das teure, gesponserte Equipment, auch an den durchaus ehrgeizigen Projektschulen, im Wesentlichen als »Edutainer« eingesetzt: Bunte Lernsoftware, interaktive Unterrichtseinheiten, gemeinsame Internet-Recherchen oder das Entwerfen von Homepages sollen und können offenbar die Motivation und Identifikation von Schülern und Lehrern erhöhen. Das ist, wie schon bemerkt, schön und gut. Und natürlich werden Schüler und Lehrer dabei auch ihre Fertigkeiten im Umgang mit der Hard- und Software verbessern. Auch das ist nicht zu verachten. Im Gegenteil, beides ist Grund genug, den Computer, das Internet und geeignete Software verstärkt im Unterricht einzusetzen. Ich sehe aber keinen Grund, hiervon ein solches Aufhebens zu machen und in hoffnungsfrohe Schwärmerei über das angeblich anbrechende goldene Zeitalter des Wissens und der Bildung zu verfallen.

Tatsächlich zeigen erste Erfahrungen, dass allzu hohe Erwartungen unangebracht sind. Ich meine damit nicht in erster Linie die üblichen Schwierigkeiten mit technischen Neuerungen, die vielen vertraut sein dürften: Da stellt man der Klasse seines Kindes großzügig einen Computer zur Verfügung und muss dann erfahren, dass er wochenlang ungenutzt in der Ecke einstaubt, weil sich der Lehrer außerstande fühlt, das Gerät anzuschließen. »Damit kenne ich mich nicht aus.« Nach mehrfacher Drohung, den PC wieder abzuholen, wird schließlich der Hausmeister um fachmännische Amtshilfe ersucht. Der steckt den Stecker in die Dose – und voilà! Seitdem steht das Gerät betriebsbereit in der Klasse und wird von den Drittklässlern, die in der Mehrzahl bereits mit Computern vertraut sind, in der unterrichtsfreien Zeit hin und wieder zum Spielen genutzt. Ihr Lehrer kennt sich damit ja nicht aus – und weigert sich übrigens, sich neben seiner Arbeitszeit kundig zu machen. Dazu habe er weder Kapazität noch Lust; ohnehin sei der Lehrplan kaum einzuhalten, so dass im Unterricht keine Zeit für den Computer übrig bleibe. Wohlgemerkt: Die Schule hatte die Eltern ausdrücklich um derartige »Spenden« gebeten.

Ich denke jedoch, dass es sich hierbei vorwiegend um Übergangsprobleme handelt, wenngleich solche Erfahrungen, wie sie zur Zeit wohl massenhaft gemacht werden, sowohl das Eltern-Lehrer- wie auch das Schüler-Lehrer-Verhältnis nachhaltig beeinträchtigen dürften. Wenn offensichtlich wird, dass Lehrern die Lebenswirklichkeit ihrer Schüler fremd ist, ja dass sie ihr mit Desinteresse oder gar Missachtung begegnen, und wenn Schüler sich andererseits in zentralen Handlungsbereichen kompetenter fühlen als ihre Lehrer, entsteht eine fatale Rollenunsicherheit. Wie sollen Kinder Vertrauen und Respekt gegenüber einer Person aufbringen, die sich für ihre Belange nicht zu interessieren scheint und die sich darüber hinaus mit einem allgemein als wichtig und zukunftsweisend angesehenen Medium weit weniger auskennt als sie selbst? Das schafft kein gutes Lernklima, und man muss kein Prophet sein, um vorauszusehen, dass sich hier in den nächsten Jahren noch ein großes Konfliktpotential entfalten wird.

Dennoch sind dies, wie gesagt, Anpassungs- und Übergangsschwierigkeiten, die sicher nach einiger Zeit überwunden sein dürften. Das Fortbildungsangebot für Lehrer wächst – und wirft im Übrigen kein gutes Licht auf die Lehrerausbildung an den Universitäten. In Kursen, die wiederum zumeist von Privatunternehmen, wie etwa dem Chiphersteller »Intel«, finanziert und durchgeführt werden, können sich Lehrer aller Schularten auf den Einsatz des Computers im Unterricht vorbereiten und sich damit sozusagen zur Avantgarde der modernen Lehrerschaft fortbilden. Aber auch diese »Master-Teacher«, wie sie sich neudeutsch beispielsweise nach der Intel-Schulung nennen dürfen, werden schnell auf ähnliche Fragen stoßen, wie ich sie hier gestellt habe. Zwar wird das neue Medium das Unterrichtsgeschehen verändern und neue Lehr- wie Lernstile prägen, es steht jedoch für sich genommen so nackt da wie der Kaiser im berühmten Märchen. Und die Kinder werden, wie im Märchen, die Ersten sein, die es merken. Vielleicht sagen sie es nicht gleich, weil ihnen der Umgang mit dem Computer immerhin mehr Spaß macht als der alte Frontalunterricht – was eindeutig gegen die klassische Form der Belehrung, aber noch nicht für den Computer spräche. Aber merken werden sie es und sich irgendwann äußern, so dass auch Eltern und Lehrer werden erkennen müssen, wie sehr ihr Blick getrübt war.

Tatsächlich lassen erste Vergleichsuntersuchungen, beispielsweise durchgeführt vom angesehenen Massachusetts Institute of Technology (MIT), keinen anderen Schluss zu, als dass die von vielen erwarteten »Wunder« ganz sicher ausbleiben werden. Die Ergebnisse belegen, dass der Einsatz von Computern in der Bildung keineswegs das messbare Leistungsniveau erhöht. So zeigten etwa Achtklässler in Schulen mit Computern keine besseren Leistungen als Gleichaltrige in Schulen ohne Computer. Und auf die Mathematikkenntnisse von Viertklässlern hatten Computer im Vergleichstest sogar einen negativen Einfluss. Davon, dass der Computer unsere Kinder klüger mache, wie es im letzten Herbst ein großes deutsches Nachrichtenmagazin auf dem Titelblatt verkündete und worauf offenbar auch die Bildungspolitik, mangels eigener Ideen, spekuliert, kann also keine Rede sein. Zwar werden multimediale Lernhilfen wohl mit einigem Erfolg in der psychologischen Praxis eingesetzt und haben bei besonders lern-, schreib-, lese- oder rechenschwachen Kindern und Jugendlichen gute Ergebnisse erzielt; nennenswerte Vorteile jedoch, die für ihren regelmäßigen und massiven Einsatz in der Schule sprechen würden, sind mir nicht bekannt.

Aus solchen Erfahrungen lassen sich deshalb meines

Erachtens mindestens zwei Schlüsse ziehen. Erstens: Computer und Internet sind mögliche Unterrichtsmittel, die – ähnlich wie Tafel, Diaprojektor, Sprachlabor oder Taschenrechner – zwar stil- und formgebend sind, aber keinen eigenen pädagogischen Input haben; sie sind – man denke beispielsweise an die klassische Tafel – ihren Inhalten gegenüber gleichgültig und also von begrenztem Nutzen. Ihr bloßer Einsatz wird Schule und Bildung kein bisschen verändern; das müssten die am Bildungsprozess Beteiligten schon selbst tun. Zweitens: Grundfertigkeiten wie Lesen, Schreiben, Rechnen sowie basale Kenntnisse in Sprache, Kultur, Kunst, Literatur, Geschichte, Politik und Naturwissenschaften haben Priorität, weshalb der systematische Einsatz von Computer und Internet überhaupt erst in höheren Klassen sinnvoll erscheint.

Bevor ich jetzt zum wiederholten Male die einschränkende Forderung erhebe, dass der Einsatz neuer Techniken in der Schule natürlich bedacht werden soll, aber letztlich nur auf der Basis pädagogisch fundierter Konzepte zu erfolgen habe – und bevor noch jemand auf die Idee verfällt, mir, einem Nicht-Pädagogen, nun solche Konzepte abzuverlangen –, möchte ich das Thema »Neue Medien« hiermit lieber abschließen – vorläufig jedenfalls –, um noch über einen letzten Punkt sprechen zu können, der mich – als Exmanager – mindestens ebenso interessiert und der die Heillosigkeit der gegenwärtigen Bildungsdebatte ebenfalls beispielhaft verdeutlicht.

Wer den vorletzten Absatz genau gelesen hat, wird vielleicht bemerkt haben, dass in meinem kleinen Prioritätenkanon ein zentraler Wissens- und Handlungsbereich zu fehlen scheint, und zwar ausgerechnet jene Sphäre, die heute alles andere dominiert: die Wirtschaft. Es ist ähnlich wie mit dem Internet: Da die Wirtschaft, begünstigt durch den Untergang des Kommunismus, der Politik die Führung abgenommen hat, da die Ökonomie in Zeiten der Globalisierung zur vermeintlich alles treibenden Kraft geworden ist, müssen auch die Schulen diesem Umstand »irgendwie« Rechnung tragen. So weit stimmt das auch.

Anstatt nun aber, was Aufgabe von Bildung wäre, dem Reich der Zwecke einen gewissen Widerstand entgegenzusetzen – »Wozu das alles? Zu nichts!« –, anstatt die Wirklichkeit mit all ihren Beschleunigungs- und Ökonomisierungstendenzen skeptisch und kritisch zu hinterfragen, springt man auf den fahrenden Zug auf, ohne sein Ziel zu kennen: Die Schulen sollen das Fach »Wirtschaft« einführen, die Lehrer müssen in die Betriebe, damit sie einmal sehen, was »draußen« läuft. Regelmäßige Praktika sollen sie in die Lage versetzen, die diffusen Vorstellungen ihrer Schüler von der beruflichen und betrieblichen Praxis zurechtzurücken. Die Schule soll doch schließlich auf das Leben vorbereiten! Nun ja, zu einem kleinen Teil weisen solche Initiativen in die richtige Richtung, zu einem größeren sind sie jedoch grundfalsch.

Obwohl die Diskussion hierüber inzwischen wieder etwas abgeebbt ist, halte ich den Vorgang für exemplarisch: Er ist ein weiteres beispielhaftes Symptom der Misere. Zunächst ging es mir ähnlich wie bei der vermeintlichen Grundfertigkeit »Medienkompetenz« als Argument für den Einsatz des Internet: »Ja doch«, dachte ich sofort, »das klingt plausibel«, und war, trotz eigener Kenntnisse, spontan geneigt, den Forderungen zuzustimmen. Aber was genau, so fragte ich mich dann, soll ich mir unter einem Unterrichtsfach »Wirtschaft« eigentlich vorstellen? Worüber sollen die Schüler da belehrt werden? Welche »Kompetenzen« würden sie ausbilden, wenn man sie mit dem »Schweinezyklus« oder mit Grenznutzenberechnungen malträtierte? Welche Fähigkeiten wollte man ihnen vermitteln, wenn man sie mit den Methoden der Marktanalyse, des Marketing oder der betriebswirtschaftlichen Rechnungsführung vertraut machte? Sicher, sie würden erste Einblicke erhalten in bestimmte Abläufe und Praktiken des Wirtschaftsgeschehens, sie könnten vorherrschende Terminologien und Denkweisen einüben. Mit Bildung hätte all dies aber wiederum nichts zu tun, ja die Ertüchtigung könnte sich am Ende sogar gegen den Bildungsauftrag der Schule wenden.

Die Forderung nach einem Schulfach »Wirtschaft«, mit standardisiertem Curriculum und festem Stundenkontingent, garantiert auf Kosten »weicher« Fächer wie etwa Sozialkunde oder Deutsch, erfolgt doch, soweit ich es sehe, aus einem rein opportunistischen Reflex. Opportunismus und Bildung sind jedoch ganz und gar unverträglich. Es kann nicht Aufgabe von Schule sein, primär marktorientierte Qualifikationen zu vermitteln, den betriebswirtschaftlichen Furor der Gegenwart auch noch in die Klassenzimmer zu holen, die Schüler in den ohnehin überhand nehmenden Marktjargon einzupassen und die Dominanz der Ökonomie willfährig zu stützen. Es könnte und sollte hingegen Aufgabe von Schule sein, den

Furor zu thematisieren und die allenthalben zu verzeichnende betriebswirtschaftliche Engführung durch anscheinend immer mehr in Vergessenheit geratende volkswirtschaftliche Überlegungen aufzubrechen, nicht den kurzfristigen Erfolg eines einzelnen Unternehmens in den Mittelpunkt zu stellen, sondern eine Gesamtrechnung aufzumachen und die Gesellschaft als Ganzes in den Blick zu nehmen.

Hierfür wäre ein Umdenken erforderlich, kein eigenes Fach; das ließe sich beispielhaft in vielen verschiedenen Fächern verdeutlichen und lehren, in Mathematik ebenso wie in Biologie, Sozialkunde oder Geschichte. Zu wirtschaften ist eine notwendige Aktivität im Zusammenleben der Menschen, wovon allerdings etwa die Optimierung eines Betriebsergebnisses nur ein winziger, wenn auch wichtiger Ausschnitt ist. Es geht hierbei vor allem um die gesellschaftliche Ordnung, um das Wohl aller, um den Austausch mit anderen, um ein Verständnis fremder Sprachen und Kulturen oder um die Umwelt. Auch Naturschutz ist Zukunftssicherung und daher wirtschaftlich von großer Bedeutung. Das wird schon kleinen Kindern sofort einleuchten.

Nehmen wir einen Baum: Ich kann ihn ganz plan als Rohstoff betrachten, rechne die Kosten, die bei seiner »Gewinnung« und Verarbeitung entstehen, gegen den Nutzen, den ich aus dem Verkauf der aus ihm gefertigten Produkte erziele, auf und ziehe Bilanz. Fertig. Das ist aber eine sehr eingeschränkte Sicht, denn der Baum hat – das ist von Frederic Vester schon einmal penibel durchgerechnet worden – darüber hinaus etwa einen biologischen, einen ökologischen, ja auch einen ästhetischen oder emotionalen Wert. Ich muss diese Werte nicht auf Heller und Pfennig beziffern, wie es Vester getan hat, ich darf sie jedoch nicht vernachlässigen, wenn mein Handeln oder Wirtschaften verantwortlich sein soll. Dies zu vermitteln, die Zusammenhänge aufzuzeigen, die volkswirtschaftliche gegen die rein betriebswirtschaftliche Perspektive stark zu machen und Verantwortlichkeiten zu benennen, stünde der Schule gut zu Gesicht. Denn solange ich den Marktpreis, wie es vorherrschend geworden ist, von allen sozialen und ökologischen Kosten abkoppele, werden auch weiterhin umweltzerstörende, fundamentalistische und fremdenfeindliche Tendenzen freigesetzt und wird der bereits fortgeschrittene Prozess der Zersplitterung begünstigt.

Anstatt die Schüler also vorwiegend für den Wettbewerb zu rüsten und auf das Reich der Zwecke vorzubereiten, ginge es darum, sie zunächst einmal für die Gefahren eines grenzenlosen Individualismus und Zweckdenkens zu sensibilisieren. Hierzu sind Fantasie, Kreativität und thematische Offenheit erforderlich, wofür jedoch im herkömmlichen Fächerunterricht denkbar ungünstige Voraussetzungen vorliegen. Eine Pädagogik, die auf eine stabile, fassbare, sich nur langsam entwickelnde Welt ausgerichtet ist, sowie Lehrer, die darin ausgebildet werden, den Wissensstoff nur »ihres« Faches zu verabreichen, werden mit einiger Sicherheit an den wichtigsten Themen und Fragestellungen, die fast immer an den Nahtstellen, den Übergängen zwischen den Disziplinen angesiedelt sind, sozusagen vorbeiunterrichten. Und wie sollten sich Erkenntnis, Interesse, Fantasie und Zusammenarbeit fördern lassen, wenn all unsere Fragen und letztlich sogar das Wahrheitskriterium selbst der »Prüfungsrelevanz« geopfert werden, wenn Schüler in Konkurrenz um Zensuren geradezu zur Gleichgültigkeit gegenüber den Inhalten erzogen werden?

In diesem Sinne habe ich oben davon gesprochen, dass solche Initiativen, wie die Einführung eines Faches »Wirtschaft«, zu einem kleinen Teil durchaus in die richtige Richtung weisen. Denn es ist längst nicht mehr zu verkennen, dass die Schulen ein erhebliches Praxisproblem haben – und haben müssen. Wie sollen Lehrer, um die naheliegendste Frage aufzuwerfen, die in ihrem Leben keine Erfahrung außerhalb von Schule und Universität gemacht haben und in deren Ausbildung weder Teamfähigkeit noch vernetztes Denken eine Rolle spielen, ihre Schüler zu Mobilität und Flexibilität anleiten? Wie sollen sie, fächerübergreifend, etwa die erwähnten volkswirtschaftlichen Zusammenhänge zum Thema machen? Hierzu müssten sie überhaupt erst in die Lage versetzt werden, und zwar sowohl strukturell, durch eine Veränderung der Institution, als auch inhaltlich, durch eine veränderte Ausbildung.

Ein eigenständiges Fach »Wirtschaft« jedoch, dessen Unterrichtsinhalt dann von einer Lehrplankommission penibel vorgegeben wird, ist in meinen Augen nicht nur nicht erforderlich, sondern abträglich. Viel attraktiver wäre es, wenn sich die Schulen nach außen öffneten und sich sozusagen von der Wirtschaft frische Luft zufächeln ließen. So könnten die Lehrer mehr von der Wirtschaft und die Wirtschaft womöglich das Lehren lernen.

Mir geht es hier aber, ich hoffe, das ist klar geworden, keineswegs um eine Lehrerschelte, die ich in diesem

Zusammenhang für völlig unangebracht halte, sondern um eine neue Definition des ohnehin schon anspruchsvollen und verschleißenden Lehrerberufs, der in den vergangenen Jahrzehnten immer schwieriger geworden sein dürfte. Denn es gibt eine starke Tendenz, die Schule zunehmend als Reparaturbetrieb für all die Beschädigungen zu missbrauchen, die durch Globalisierung, Beschleunigung, Vereinzelung oder durch die »Krise der Familie« entstanden sein mögen, und damit die Lehrer mit Aufgaben zu überfordern, denen sie gar nicht gewachsen sein können. Eine solche »Werkstatt« kann und soll die Schule nicht sein. Im Idealfall wäre sie eine Instanz, die, indem sie ihren Bildungsauftrag erfüllt, allen möglichen Beschädigungen vorbeugt. So würde ich das erstrebenswerte Ziel definieren.

Um dahin zu kommen, müssen wir die Schule und die Lehrer sozusagen befreien, sie gerade nicht mit immer mehr Aufgaben und immer mehr Stoff befrachten, sondern sie von überzogenen und fehlgeleiteten Erwartungen, von bürokratischen Reglementierungen und inhaltlichem Ballast entlasten, um ihre Spielräume und Handlungsmöglichkeiten zu erhöhen. Denn nur unter der Voraussetzung, dass ich – zumindest innerhalb gewisser Grenzen – frei und selbständig zu handeln in der Lage bin, kann ich die Bereitschaft und den Willen entwickeln, Verantwortung zu übernehmen. Und nur wenn die entsprechenden Spielräume existieren, können auch andere – Eltern, Berufsbildungseinrichtungen, Universitäten, Unternehmen – ihrer Mitverantwortung für die schulische Bildung gerecht werden, vorausgesetzt, auch sie haben Mitsprache- und Mitgestaltungsrechte.

Bis dahin ist es noch ein weiter Weg. Aber wir werden ihn gehen müssen. Und an Ideen, wie auf diesem Weg voranzukommen und das Lernen in Schulstrukturen attraktiver zu machen wäre, herrscht schon heute kein Mangel. Warum geben wir den einzelnen Schulen nicht eine größere Autonomie, sowohl in der Mittelverwendung als auch in der Bestimmung der Lernziele und -methoden? Jede Schule könnte in Teilbereichen wie eine nach volkswirtschaftlichen Maximen geleitete Firma organisiert werden, die in gemeinsamer Verantwortung von Lehrern, Schülern und Eltern eigene fachliche Schwerpunkte ausbildet; der Grundkanon bliebe hiervon unberührt. Warum lassen wir nicht verstärkt auch Fachleute ohne Staatsexamen, aber mit vielfältigen Erfahrungen aus Wirtschaft, Verwaltung oder Wissenschaft per Lehrauftrag in deutschen Schulen unterrichten? Warum lockern wir nicht überhaupt das Dienstrecht und öffnen den Lehrerberuf für Menschen unterschiedlichster Qualifikationen? Warum nutzen Schulen nicht sehr viel stärker die vorhandenen Kompetenzen in Instituten, an Universitäten, in Betrieben, um, etwa im Rahmen von Projektwochen, zeitlich begrenzte Kooperationen einzugehen?

Eine Antwort auf diese und viele weitere Fragen, die ich nun endlos aneinander reihen könnte, fällt nicht schwer; ich habe sie zum Teil schon gegeben. Die Realisierung neuer Ideen scheitert zumeist schlicht an bürokratischen Widerständen und den komplizierten Zuständigkeiten im Bildungsföderalismus, kurz, an den Beharrungskräften eines in die Jahre gekommenen Systems. Um diese Widerstände zu überwinden und das

Schulsystem aus seiner Erstarrung zu befreien, hätten wir zunächst einmal möglichst präzise Vorstellungen von dem zu entwickeln, was wir künftig unter »Bildung« verstehen wollen und wie sich das, was wir darunter verstehen, an den Schulen umsetzen lässt.

Es hat in meinen Augen recht wenig Sinn, weiter an Einzelsymptomen herumzukurieren, über den Lehrermangel zu klagen, die Dauer der Schulzeit zu diskutieren oder die Ausstattung der Schulen zu modernisieren. So wichtig all dies sein mag, es ist sekundär. Erst wenn die Aufgaben der Schule neu definiert sind, besteht eine realistische Chance, auch all die anderen Defizite unter dann veränderten Voraussetzungen zu beheben.

Und die Ausgangslage hierfür wäre gerade in Deutschland besonders günstig. Ich habe das deutsche Bildungssystem immer bewundert und halte beispielsweise den darauf aufbauenden Gedanken der dualen Ausbildung für geradezu ideal. Aber das Zusammenspiel von Bildung und Qualifikation – in seinem je nach Schulstufe unterschiedlichen Mischungsverhältnis – stimmt nicht mehr; es existiert praktisch nur noch als Idee. Während das eine, die für die Bildung zuständige Seite, sich immer stärker auf qualifizierende Maßnahmen verlegt, hat sich das andere, der Ausbildungssektor, immer stärker vom Bildungsbereich »emanzipiert«, will sagen, distanziert. Das heißt, beide Teile des dualen Systems verweigern damit im Grunde die Arbeitsteilung.

Wenn sich eine ursprünglich gemeinsam gewachsene, vielfältig aufeinander abgestimmte Bildungs- und Ausbildungslandschaft zugleich vereinheitlicht und trotz dieser zunehmenden Verwechselbarkeit in voneinander abgegrenzte Lernprovinzen mit je eigenen Zuständigkeiten zerbricht, kann von einem System eigentlich keine Rede mehr sein. Man arbeitet neben-, zum Teil gegeneinander, befestigt die Grenzen, hütet eifersüchtig die eigenen Etats und Kompetenzen und dreht sich schließlich nur noch um die eigene Achse, wird zum bloßen Selbstzweck. Das ist die typische Dynamik jeder Überorganisation oder Bürokratisierung, wie sie in Behörden und Institutionen ebenso stattfinden kann wie in Unternehmen – und an deren Ende so etwas wie ein Erstickungstod droht.

Um diese Dynamik abzuwenden, bedarf es des lebendigen Austauschs, der Osmose. Die Grenzen zwischen den verschiedenen Institutionen der Bildung wie auch zwischen den verschiedenen Abteilungen einer Firma oder zwischen verschiedenen Firmen einer Branche dürfen – bei aller erlaubten Konkurrenz und bei allem erwünschten Wettbewerb – allenfalls aus durchlässigen Membranen bestehen, damit ein gemeinsames, aufeinander abgestimmtes Handeln möglich ist. Das gilt, um bei der Schule zu bleiben, für das Verhältnis zwischen Lehrern und Schülern ebenso wie für das Verhältnis zwischen Schule und Eltern, Schule und Berufsausbildung, Schule und Wirtschaft oder Schule und Universität.

Gerade Letztere, die ich nun als meine nächste Station ansteuern will, scheint aber an den Schulen und daran, was dort geschieht, keinerlei Interesse zu haben. Hin und wieder hört man Professorenklagen über das gesunkene und weiter sinkende Bildungsniveau der Studienanfänger, ja über mangelnde Studierfähigkeit der Schulabgänger. Aber das ist seltsam. Denn für dieses Niveau und

diesen Mangel wären ja an zentraler Stelle die Lehrerinnen und Lehrer mitverantwortlich, die allesamt ihre Ausbildung an jenen Universitäten erhalten haben, aus
denen uns solche Klagen nun zu Ohren kommen. Hören
wir da etwa Selbstkritik?

Unter den Talaren …
oder:
Legt die Hochschulen tiefer!

*In der deutschen Bildung nimmt den ersten Platz
die Bescheidwissenschaft ein.*

KARL KRAUSS

Wer das Schulsystem nach dessen Kriterien »erfolgreich«
durchlaufen hat, betritt möglicherweise die nächste,
sozusagen ultimative Stufe der real existierenden Bildung im Kapitalismus. An den Universitäten, die einstmals, zu Zeiten Humboldts, als Zentren des frei tätigen
schöpferischen Geistes zumindest gedacht waren und an
denen wissenschaftliche, gesellschaftliche und indivi-
duelle Interessen zur Harmonie gebracht werden sollten,
wird der schon in den Schulen kräftig eingeübte Egoismus zur Meisterschaft veredelt. Ohne den Zusammen-
halt der Schulklasse oder Altersgruppe wird nun jeder
endgültig zum Einzelkämpfer, der sich seinen Lehrplan
selbst zusammenbasteln und sich auf dem Campus mit
Hilfe seines Ego-Kompasses orientieren muss. Ob man
in Lehrveranstaltungen anwesend ist oder nicht, wie
oder was man lernt, wie man sein Studium finanziert
oder wie lange man studiert, ist an der Uni für niemanden groß von Interesse. Jedenfalls bis zum Examen.
Dann sitzt oder steht man plötzlich vor Amtsträgern, die
ihrer Pflicht walten, eine Art Endabnahme machen und
eine Leistungsfähigkeit beurteilen, deren Entwicklung

sie allenfalls sporadisch und unter wenig Anteilnahme begleitet haben.

Wer alle diese Ego-Proben bestanden hat, wird schließlich examiniert oder diplomiert und als Akademiker ins Berufsleben entlassen. Doch dieser Übergang entspricht in der Regel dem berüchtigten Sprung ins kalte Wasser. Denn worin sind unsere Akademiker nach abgeschlossenem Studium tatsächlich kompetent? Welche Fähigkeiten haben sie ausgebildet, um sie nun in der Praxis anzuwenden? Die Antworten aus der Praxis sind ernüchternd: »Während die Leute von den guten US-Hochschulen sofort einsatzfähig sind«, höre ich meine ehemaligen Kollegen aus der Wirtschaft klagen, »benötigen Absolventen deutscher Unis, die ohnehin im Schnitt viel älter sind, zunächst einmal eine sechs- bis neunmonatige Einarbeitungs- und Lernzeit, bevor wir sie guten Gewissens agieren lassen können« – kein gutes Zeugnis für die deutsche Hochschulbildung.

Nun wissen wir alle, wie gern hierzulande – auf hohem Niveau, versteht sich – gemäkelt und der schwarze Peter an den Nächstbesten weitergereicht wird. Wir wissen auch, dass jede Klage an Schärfe gewinnt, wenn wir darauf hinweisen können, dass es anderswo weit besser ist: Warum machen wir es hier also nicht einfach genau so? Diese Argumentationsfigur ist mir bestens vertraut, und ich kann nur davor warnen, ihr auf den Leim zu gehen. Mit Grausen erinnere ich mich an die Inflation der Managementphilosophien während der achtziger und neunziger Jahre, an die rasche Abfolge unterschiedlichster wirtschaftlicher Moden und Vorbilder – erst Amerika, dann Japan, dann die Tigerstaaten, dann wieder

Amerika – und an das große Durcheinander, das die verzweifelten Kopierversuche verursacht haben.

Auch in Amerika selbst wuchsen sich die Managementmoden zu teuren Experimenten aus. Erst kürzlich erzählte mir Bill Gates am Rande einer Veranstaltung, dass er in seinem Unternehmen, durchaus entgegen dem Trend, wieder neue Hierarchieebenen und langfristige Arbeitsverträge eingeführt habe. Wie so viele andere war er in den neunziger Jahren den Empfehlungen der Managementgurus gefolgt, hatte die Betriebshierarchie eingeebnet und seine Mitarbeiter zur Mobilität angeregt. Das Ergebnis war eine herbe Enttäuschung: Viele seiner besten Führungskräfte kehrten Microsoft wegen mangelnder Aufstiegsmöglichkeiten den Rücken und ließen sich von der Konkurrenz abwerben. Andere Angestellte verloren wegen des Mobilitätsgebots ihre Motivation und fühlten sich sozusagen ständig auf dem Sprung in eine berufliche Alternative. Der Konzern nahm dadurch Schaden – was Bill Gates wohl allerdings verkraften wird.

Das, was andernorts bereits als Fehler erkannt worden ist, nicht auch noch zu kopieren, würde immerhin schon einmal einen Lernprozess dokumentieren. Denn was unternehmens- und wirtschaftspolitisch falsch war, wird nun hochschul- und bildungspolitisch ganz sicher nicht richtig sein. Gerade das Bildungssystem ist, mehr noch als die Arbeitswelt, in komplexen Traditionen verwurzelt und sollte deshalb tunlichst auf der eigenen Kultur und Geschichte basieren; es sollte sich auf die eigenen, zur Zeit leider von Vergessenheit bedrohten Stärken besinnen, statt nach fremdem Know-how Ausschau zu halten – das im Falle des amerikanischen Bildungswesens auch noch von durchaus zweifelhafter Güte ist.

Sicher, es gibt in den USA, im Unterschied zu hier, eine Hand voll Spitzenuniversitäten, etwa Harvard, Stanford oder das Massachusetts Institute of Technology, aber deren Qualität ist im wahrsten Sinne des Wortes außergewöhnlich – und keineswegs das Resultat umsichtiger Bildungspolitik. Die gerühmten amerikanischen Eliteschmieden sind staatlich unabhängige Unternehmen mit breiter Angebotspalette, deren Dienstleistungen ebenso gut wie teuer sind; so zahlt beispielsweise ein Student am MIT zwischen 25 000 und 30 000 Dollar für das Studienjahr.

Daneben scheint es um das Bildungssystem in den USA durchaus schlecht bestellt zu sein. Erst kürzlich hat die amerikanische Regierung alarmiert eingeräumt, dass schon ein Drittel der US-Bevölkerung »functional illiterate« sei: Millionen funktionale Analphabeten im Land des Fortschritts also, die zwar Straßenschilder entziffern, in Comic-Heften schmökern, fernsehen und sogar durchs Internet surfen können, die aber nicht einmal mehr in der Lage sind, Stellenanzeigen zu lesen. Und in Frankreich, wo man ebenfalls stolz auf seine Elitebildung ist, stellt sich die Situation keineswegs erfreulicher dar. Bereits 40 Prozent der erwachsenen Bevölkerung, so ergab eine repräsentative Untersuchung im letzten Jahr, können nicht mehr richtig lesen und schreiben. Um ebenfalls dahin zu kommen, müssen wir keine Modelle kopieren, das schaffen wir auch ganz allein.

Im Ernst, natürlich könnte und sollte man sich das

eine oder andere von den bekannten Spitzenuniversitäten abschauen; ich komme darauf zurück. Aber im Großen und Ganzen kann »von Amerika lernen« in meinen
Augen nur bedeuten, Fehler, die dort gemacht wurden
und werden, zu erkennen, um sie dann hier möglichst zu
vermeiden. Gegen einen Fehler übrigens, den die Europäer mit Vorliebe begehen, sind die Amerikaner seltsam
immun: Durchaus im Austausch mit anderen, versuchen
sie, auftretende Probleme stets selbst zu lösen, während
wir uns gern auf die Suche begeben, um anderswo Rezep-
te zu finden. Wir sollten aber zunächst einmal nicht
weg-, sondern hinsehen, um genauer zu erkunden, was
wir eigentlich therapieren wollen.

Gerade im Bildungsbereich sind Vergleiche ohnehin
äußerst schwierig und zumeist fragwürdig, weil unter
»Bildung«, wie wir gesehen haben, ganz Verschiedenes
verstanden wird und weil die regionalen und nationalen
Voraussetzungen und Verhältnisse sehr unterschiedlich
sind. Natürlich kann ich »Ausbildung« überall rein
marktwirtschaftlich organisieren: Ich lobe Spitzengehäl-
ter für Spitzenkräfte aus, suche mir potente Partner in
der Wirtschaft, sorge für modernste Ausstattung und
werde dann, mit hoher Wahrscheinlichkeit, auch Spit-
zenqualität anbieten können, selbstverständlich zu Spitzenpreisen. Das ist in Ordnung, kann aber das vorhandene System nicht ersetzen, sondern allenfalls im Bereich
der – durchaus erforderlichen – Elitebildung ergänzen.

Nicht in Ordnung ist es hingegen, schlechte Qualität
zu Spitzenpreisen anzubieten – und sich das gefahrlos
erlauben zu können, weil man sozusagen ein Monopol
hat. Darin besteht für mich ein Skandalon der Hoch-

schulmisere, denn auch ein Studium an deutschen Unis dürfte alles in allem nicht weniger Kosten verursachen als ein Studium am MIT, vermutlich ist es sogar »teurer«. Dabei finde ich es richtig, wenn eine Gesellschaft möglichst viel Geld für die akademische Bildung ihrer Jugend aufwendet, das ist auch eine volkswirtschaftlich sinnvolle Investition. Sie muss nur dafür Sorge tragen, dass, um es schnöde auszudrücken, das Preis-Leistungs-Verhältnis stimmt. Und um erkennen zu können, ob es stimmt, muss sie ihre Ansprüche deutlich artikulieren und im Zweifel einklagen.

Das geschieht nun zunehmend – von Seiten der Wirtschaft, von Seiten der Politik, die sich ja meistens bei der Wirtschaft einhakt, und auch von Seiten der Studenten –, worauf die Hochschulen und viele ihrer professionellen Vertreter, offenbar aus großer Ruhe aufgeschreckt, mit Verstörung, nicht selten mit demonstrativer Empörung reagieren. Sofort wähnen sie die verfassungsmäßig geschützte Freiheit von Forschung und Lehre in Gefahr, vergessen aber zu erwähnen, dass diese Freiheit zu einem recht belanglosen Gut verkommt, wenn man sie lediglich als Privileg genießt und mit »Beliebigkeit« verwechselt. Der Schutz der Freiheit von Forschung und Lehre schließt aber ganz gewiss nicht den Schutz der Forscher und Lehrer vor Kritik ein, im Gegenteil.

Wenn meine Beobachtung stimmt, dass immer mehr Hochschulabsolventen nach Jahren des fremdbestimmten Lernens – in aller Freiheit, versteht sich – die Universität verlassen und plötzlich eine überraschend fremde Welt betreten, auf die sie gar nicht oder nur sehr unzureichend vorbereitet sind, dann muss man zunächst einmal nüchtern feststellen, dass die Hochschulen ihre Freiheit offenbar nicht dazu genutzt haben, ihren gesellschaftlichen Auftrag zu erfüllen. Dieser Auftrag ist sogar gesetzlich fixiert. In § 7 definiert das Hochschulrahmengesetz das Ziel des Studiums: »Lehre und Studium sollen den Studenten auf ein berufliches Tätigkeitsfeld vorbereiten und ihm die dafür erforderlichen fachlichen Kenntnisse so vermitteln, dass er zu wissenschaftlicher oder künstlerischer Arbeit und zu verantwortlichem Handeln in einem freiheitlichen, demokratischen und sozialen Rechtsstaat befähigt wird.«

Ich gebe zu, das ist recht blumig formuliert, verleiht aber immerhin dem Ausbildungsaspekt einen Gesetzesrang. Noch interessanter ist der diesem Paragraphen folgende § 8 desselben Gesetzes, der sogar vorschreibt, es sei zu gewährleisten, »dass die Studieninhalte im Hinblick auf Veränderungen in der Berufswelt den Studenten breite berufliche Entwicklungsmöglichkeiten eröffnen«. Das ist enorm – und schon weit weniger blumig: ein Gesetz, das der Universität vorschreibt, sich selbst und ihr Lehrangebot sozusagen permanent zu verändern. Die Vorschrift scheint jedoch vor Hochschulkommissionen und Fachbereichsverwaltungen, vor Professoren und Studenten weitgehend geheim gehalten zu werden. Ich nehme an, als Vorsichtsmaßnahme, um den Betrieb nicht zu stören. Jedenfalls ist mir nicht bekannt, dass sie an den Universitäten breite Beachtung oder gar Anwendung findet.

Auch hier höre ich schon den Einspruch: »Unterstellung! Selbstverständlich ist uns das alles bekannt. Der Geist ist ja auch willig, aber der Etat zu schwach. Wir können diesen anspruchsvollen Auftrag, den wir für absolut richtig halten, gar nicht erfüllen. Leider. Dazu fehlt es an Geld, an Personal, an Ausstattung, an allen Ecken und Enden eben.« Allein, mir fehlt der Glaube: Das ist nichts als ein Beharrungsargument. Die Bildungsmisere, ob sie sich nun an Schulen oder an Universitäten äußert, ist ganz sicher nicht die Folge fehlenden Geldes, sondern mangelnden Denkens. Es möchte ja sein, dass eine erneuerte Bildung, dass die Umsetzung vieler Ideen einen höheren Finanzierungsbedarf auslöste. Ich bin aber davon überzeugt, dass die Bereitschaft, diesen Bedarf zu decken, längst vorhanden ist. Es müsste allerdings bekannt sein, wofür die Mittel aufgewendet werden sollen, und es müsste ausgeschlossen werden können, dass damit wieder nur das »alte System« am Leben erhalten wird.

Als beispielhaft für den ganzen Unsinn, der die Finanzierungsdebatte stets mit antreibt und der den Finanzbedarf im Prinzip bis ins Unermessliche steigert, könnte ich nun wieder den technologischen Fortschritt im Allgemeinen sowie Computer und Internet im Besonderen anführen. Nun habe ich mich darüber am Beispiel der Schulen schon ausführlich ausgelassen, und im Großen und Ganzen dürfte es um das Verhältnis von Sinn und Unsinn der Computernutzung im Bereich der Hochschulen ähnlich bestellt sein. Ich möchte das Fass hier deshalb nicht noch einmal aufmachen, sondern stattdessen einen Praktiker, den Hochschullehrer Neil Postman, zitieren, der die technologische Aufrüstung der New York University sozusagen am eigenen Lehrkörper miterlebt hat und sich zu einer eher ernüchternden Bilanz genötigt sah.

»Die Bücher, die die Professoren schreiben, sind nicht besser als früher; ihre Ideen sind ein bisschen weniger interessant, ihre Gespräche eindeutig weniger faszinierend, und für ihre Lehre gilt in etwa dasselbe. Was die Studenten angeht, schreiben sie schlechter als früher, und das Überarbeiten eines Textes ist ein Konzept, das ihnen fremd ist. (...) Man sagt mir, dass ihnen mehr Informationen zugänglich sind, aber fragt man sie danach, wann die amerikanische Unabhängigkeit erklärt wurde, müssen die meisten passen (...). Alles in allem liegt der Fortschritt im Denken und Unterrichten in etwa bei null, vielleicht mit einem Verlust von zwei bis drei Metern.« Möglicherweise gilt das ja nicht für alle Fachbereiche gleichermaßen, aber die hier beschriebene Tendenz stimmt mit meinen unmaßgeblichen Erfahrungen überein.

Natürlich ist in den letzten Jahren auch einiges andere in Bewegung geraten – die Gründung privater Universitäten, vielfältige Kooperationen insbesondere technischer Hochschulen mit Unternehmen, die Einführung eines verkürzten Bachelor-Studienganges etc. –, aber das alles bleibt bis heute Stückwerk. Und es ist ganz überwiegend auf äußeren Druck hin und nicht aus innerem Veränderungsdrang entstanden. Im Gegenteil, in ihrem großen, harten Kern möchte die gute, alte Universität partout so »bleiben«, wie sie in Wahrheit noch nie gewesen ist (aber sein könnte, wenn sie sich veränderte): ein beziehungsreicher und eigenständiger Ort der Nachdenklichkeit, an dem eine Gesellschaft sich verständigt über sich selbst und ihre Zukunft. Diesem schönen, nicht in Reformplänen, sondern in Verteidigungsreden gern beschworenen Bild entsprechend werden dann die smarten Modernisierer als Bildungsverächter beschimpft, die unsere hohen Schulen zu gesichts- und profillosen Dienstleistungszentren abwirtschaften wollen. Wo es nur noch um »klientenorientierte Praxisrelevanz«, um »Optimierung von Ausbildungsstandards«, um »Transferbilanzen« und »Qualifikationsniveaus im internationalen Vergleich« gehe, bleibe die Bildung unweigerlich auf der Strecke.

Hm. Nun habe ich wohl ein Problem. Ich scheine mich in Widersprüche zu verstricken. Habe ich nicht eben selbst noch eine Position vertreten wie die, die ich nun denen in den Mund lege, die ich jetzt kritisiere? Habe ich nicht vor wenigen Seiten selbst noch Bildung gegen Qualifikation in Stellung gebracht und zu Widerstand gegen das Reich der Zwecke aufgerufen? Habe ich nicht zu Beginn sogar einem ganzen Kapitel die Überschrift »Wozu das alles? Zu nichts!« gegeben? Und nun das! Was denn nun?

Ich will versuchen, mich da wieder herauszuwinden. Das ist nicht deshalb schwierig, weil ich beim Schreiben unversehens meine Meinung geändert hätte und mir nun tatsächlich widerspreche; dann müsste ich wohl noch einmal von vorn anfangen. Nein, es ist der Auftrag des Bildungssystems selbst, der es in sich hat und eben durchaus widersprüchlich ist – worauf ich auch schon mehrfach hingewiesen habe. Nicht die Bildung, die zwar komplex, aber eindeutig ist, sondern die zu ihrem Zweck eingerichteten Institutionen haben ja von vornherein einen Doppelauftrag: zu bilden und zu ertüchtigen beziehungsweise zu qualifizieren. Während ich der Schule vorgehalten hatte, diese doppelte Verpflichtung und Legitimität zugunsten der Ertüchtigung zu missachten, mache ich nun der Universität den sozusagen seitenverkehrten Vorwurf: in einen – allerdings der Bildung abträglichen – Bildungssnobismus zu verfallen und den klaren, sogar gesetzlich verankerten Ausbildungsauftrag zu vernachlässigen.

Obwohl beides falsch ist, wäre es schon besser, die Schule würde den Fehler der Hochschule machen und sich auf Bildung beschränken und die Universitäten würden die Bildung geringer schätzen und sich meinetwegen in moderne, aber profilierte Dienstleistungszentren verwandeln. Nicht, dass ich eine solche Entwicklung befürworten wollte, sie würde nur weniger großen Schaden anrichten. Denn die Gewichte, die Notwendigkeiten verschieben sich im Verlaufe des Bildungsprozesses – was schon Rousseau wusste und was sich in der Abfolge der unterschiedlichen Schulstufen ja auch bis heute, wenn auch unvollständig abbildet.

In den ersten, den Grundschuljahren, in denen die Schule noch viele Aufgaben unmittelbar mit der Familie teilt, hätte es nahezu ausschließlich um Bildung zu gehen. Rousseau hat diese Aufgabe als »institutio« bezeichnet und damit – wörtlich – die »Einrichtung« des Kindes in den Grundordnungen der menschlichen Gesellschaft gemeint. In dieser Phase geht es noch gar nicht um Können und Wissen, sondern um das Entfachen von Neugier, um ein Bestärken des Gemeinsinns, um das Einüben von Aufmerksamkeit und Rücksichtnahme sowie um das Erlernen der grundlegenden Kulturtechniken. In der darauf folgenden Phase, der Rousseau den Auftrag der »formatio«, des Sichbildens, gegeben hat, sollen die Schüler dann einen Überblick über die Gebiete des Wissens erhalten, sie sollen lernen, Fragen zu stellen, und sich im Erkennen, Handeln, Verständigen und Entscheiden üben. Erst danach, auf diesen Grundlagen, beginnt der Ausbildungsaspekt eine immer größere Rolle zu spielen, zunächst als Orientierungshilfe, später als konkrete Berufs- oder Studienvorbereitung. Hier werden die Grenzen zwischen Bildung und Qualifikation schon fließender, ohne dass das eine in dem anderen aufzugehen droht.

Das ist natürlich eine idealtypische Verlaufsskizze, die dennoch – so hoffe ich jedenfalls – meinen Perspektivenwechsel plausibel machen und mich aus meinem vermeintlichen Widerspruch befreien kann. Ja, die Hochschulen gehören tiefer gelegt oder, wem das Bild sympathischer ist, vom Kopf auf die Füße gestellt. Sie müssen, ohne sich vom Bildungsauftrag zu verabschieden, der Ausbildung, der Berufsvorbereitung, der Praxis größeres Gewicht einräumen. Und damit plädiere ich keineswegs dafür, auch noch die letzten Reservate des freien Nachdenkens zu schleifen und sie dem Nützlichkeitswahn und der Ökonomisierung auszuliefern. Im Gegenteil, ich möchte zum Nach- und Vordenken anstiften, das Denken öffentlich machen.

Es muss doch nachdenklich stimmen, wenn der wissenschaftliche Nachwuchs, darunter oft die Besten ihres Faches, in Scharen das Land verlässt, vor allem in Richtung USA, aber auch zunehmend ins europäische Ausland. Jeder siebte deutsche Nachwuchswissenschaftler, das ergab eine im letzten Jahr durchgeführte Studie des

Forschungsinstituts »Cris«, sucht sein professionelles Auskommen heute bereits in Amerika. Nach den Gründen ihrer Ausreise befragt, nennen die Akademiker-Migranten unisono die hierzulande schlechten Forschungs- und Aufstiegsbedingungen, das Fehlen einer leistungsorientierten Besoldung, die mangelnde Offenheit des Wissenschaftssystems gegenüber Neuem, eine noch viel zu schwach ausgeprägte Internationalität in Lehre und Forschung sowie die verkrusteten Hierarchien des überkommenen deutschen Ordinariensystems mit seinem Erbhofgetue und seinen Traditionen. Kaum ein anderes Land außer Deutschland kennt beispielsweise den langwierigen Laufbahnschritt »Habilitation«, der es zur Voraussetzung einer Professur macht, dass der Wissenschaftler nach seiner Promotion im Durchschnitt noch einmal mindestens sechs Jahre eine Art wissenschaftlicher Lehrling bleibt, ohne jede Möglichkeit, sich um eigenständige Forschungsaufträge zu bewerben, da die Vergabe solcher Aufträge nur an »Lehrstuhlinhaber« erfolgt. Wem vor diesem Hintergrund die Möglichkeit aufscheint, an einer gut ausgestatteten ausländischen Universität sofort eigenständig zu arbeiten und dort mit den Koryphäen seines Faches hierarchiefrei zu kommunizieren, der wäre in der Tat wohl schlecht beraten, würde er hier bleiben.

Es muss doch außerdem nachdenklich stimmen, wenn von 100 Studierenden, die sich an deutschen Universitäten einschreiben, nur gut die Hälfte einen Abschluss macht, wenn 90 Prozent aller Philosophiestudenten, 80 Prozent aller Sozialwissenschafts-, Geschichtswissenschafts- und Germanistikstudenten sowie 75 Prozent aller Anglistik- und Politologiestudenten ihr Studium vorzeitig abbrechen. Liegt das an der schleichenden Ökonomisierung und marktlogischen Verfügbarmachung der Hochschulen oder an ihrem Angebot? Eher wohl Letzteres, denn von einer abnehmenden Wertschätzung, die eine auf Verwertbarkeit fixierte Gesellschaft etwa den Geisteswissenschaften beimesse, kann ja wohl nicht die Rede sein. Semester für Semester schreiben sich Abertausende junge Leute in den Geisteswissenschaften ein, um dann allerdings bis zu 90 Prozent zu desertieren. Was ist das für eine Verschwendung an Talenten und Ressourcen?

Es muss doch ebenfalls nachdenklich stimmen, wenn die Abbrecherquoten in solchen Fächern deutlich niedriger ausfallen, in denen eine stärkere Auslese herrscht und in denen der Ausbildungsaspekt, also Berufsvorbereitung und Praxisbezug, ein viel größeres Gewicht hat – Verwaltungswissenschaften: fast null Prozent; Medizin: 20 Prozent; Architektur: 30 Prozent.

Einverstanden, hier wäre sicher ein ganzes Ursachenbündel auszumachen: Orientierungs- und Entscheidungsschwächen, Unübersichtlichkeit des Arbeitsmarktes, Schnupperstudien, der steuerrechtliche Studentenstatus, Fächerwechsel, Jobangebote etc. Ich bestehe aber mindestens darauf, dass ein Teil der Ursachen, und es ist bestimmt nicht der kleinere Teil, an den Hochschulen selbst zu finden ist. Ob diese Ursachen durch einzelne Maßnahmen zu beheben sein werden – etwa durch schärfere Auswahlverfahren, in denen die Befähigung und Motivation der Bewerber, oder durch die Einführung von Kontrollverfahren, in denen die Befähigung, Motivation und Leistung der Lehrer überprüft werden, oder durch Studiengebühren oder durch stärkere Verfachschulung oder, oder, oder –, wage ich zu bezweifeln, will es hier aber dahingestellt sein lassen. Möglich wäre das schon, es würde aber wieder einmal recht kurz greifen, und es ist für meinen Geschmack zu ordnungspolitisch, bürokratisch gedacht.

Ich ziehe es deshalb vor, aus den genannten Symptomen zunächst einmal den Schluss zu ziehen, dass wir das Hochschulsystem stärker ausdifferenzieren und flexibilisieren müssen. Das Studium muss sich, wie es ja im Hochschulrahmengesetz vorgegeben ist, den sich verändernden Bedingungen anpassen, und das heißt auch, den unterschiedlichen Nachfragetypen und Studienerwartungen Rechnung tragen, also die Angebote stark differenzieren. Das wird nicht gehen, wenn man die Hochschulen nicht auch ein Stück weit entstaatlicht und ihnen, wie ich es schon für die Schulen angedeutet habe, mehr Autonomie, damit aber auch mehr Verantwortung übergibt. Und mit Entstaatlichung meine ich nicht Privatisierung im herkömmlichen Sinne, sondern den Übergang in öffentliches Eigentum, mit starker Wechselwirkung zwischen den Hochschulen und dieser Öffentlichkeit, mit verteilten Verantwortlichkeiten und, ja, gegenseitigen Kontrollen.

Es ist doch beispielsweise unsinnig, so zu tun, als würden alle, die ein Studium beginnen, später wissenschaftlich arbeiten. Nur eine verschwindend kleine Minderheit verbleibt doch nach dem Examen im Wissenschaftsbereich. Hier muss die Universität Optionen eröffnen und spätestens nach einem einheitlichen Grundstudium geeignete Angebote machen, die den unterschiedlichen Perspektiven – Wissenschaft, Wirtschaft, Kultur, Medien, Verwaltung und so weiter – auch inhaltlich Rechnung tragen.

Ich weiß, das klingt jetzt alles sehr allgemein und schönrednerisch. Bevor ich mich aber nun in der massenhaft vorhandenen Reformliteratur verliere, um meine Vorstellungen zu konkretisieren, indem ich mich an fremden Vorschlägen abarbeite, möchte ich lieber auf ein eigenes Beispiel zurückgreifen, an dem ich zeigen kann, nicht wogegen, sondern wofür ich mich einsetze. Manche Leserin, mancher Leser wird, was nun folgt, als Wiederholung empfinden; aber es gehört hierher. Außerdem fällt es mir leichter, von eigenen Erfahrungen zu berichten als an abgehobenen Debatten teilzunehmen.

Die Notwendigkeit, Lernen, Arbeiten, Weiterbilden, Forschen und Leben miteinander zu verknüpfen, anstatt die Bereiche zeitlich und organisatorisch auseinander zu dividieren, wird ja inzwischen überall beschworen. Und obwohl die Bereitschaft, neue Wege zu gehen, in dem Maße wächst, in dem die traditionellen Wege des Nebeneinander immer schwerwiegendere Missstände und deutlichere Brüche hervorrufen, mangelt es nach wie vor an der nötigen Entschlossenheit, einen grundsätzlich neuen Ansatz zu wagen.

Nein, ich korrigiere mich, es mangelt an Geschlossenheit, nicht unbedingt an Entschlossenheit. Ich selbst beispielsweise bemühe mich – gemeinsam mit einigen anderen – seit Jahren mit anfangs großer Entschlossenheit, ein neues Bildungsinstitut zu gründen. Über die viel versprechenden Anfänge, das Engagement der Stadt

Dortmund und die breite Unterstützung, die mir dabei – etwa seitens der Europäischen Kommission und des Bundesarbeitsministeriums – zuteil wurde, habe ich bereits in meinen beiden letzten Büchern berichtet; ebenso davon, dass die etwa 150 Hektar große Fläche, auf der der »Campus Dortmund« entstehen soll, immer noch kein lebendiger Ort ist, dass und warum ich also mit dem »Campus-Projekt« bis heute gescheitert bin. Diesen Teil der Geschichte möchte ich hier nicht wiederholen, sondern stattdessen schildern, was schon längst hätte realisiert sein sollen. Dass es sich hierbei um eine »Manager-Schule« handelt, die sich am Modell einer französischen Grande Ecole orientiert und ihrem Anspruch nach eine Eliteschule für den hoch qualifizierten Führungsnachwuchs in Industrie, Handel und Verwaltung sein wird, spielt in unserem Zusammenhang weiter keine Rolle, weil große Bereiche der akademischen Ausbildung ebenso organisiert werden könnten, nein, sollten.

Trotz mancher Rückschläge bin ich nach wie vor sicher, dass das »Center for Advanced Management, Projects and Utility Studies«, das ist die Langfassung von »Campus«, in Dortmund oder anderswo entstehen wird. Das erwähnte Gelände wird dann 120 bis 150 in- und ausländische Firmen, eine Managerschule, Zukunftslabore, Weiterbildungs- und Forschungsinstitute beherbergen, die allesamt eng miteinander verzahnt sein werden. Ein Besucher wird auf den ersten Blick gar nicht erkennen, wo gelernt, wo gearbeitet, wo geforscht wird und wo man sich nur erholt. Die Übergänge zwischen Ausbildung, Forschung, Arbeit und Freizeit sollen so fließend sein, dass sie kaum noch wahrzunehmen sind: ein durch und durch transparenter und offener Raum.

Wenn glückt, was mir vorschwebt, werden die Studenten, die auf dem Campus lernen und arbeiten, eine sozusagen ganzheitliche, ihren Doppelauftrag erfüllende »Bildung« erhalten. Statt dem Siechtum des dualen Systems weiter zuzusehen, versuche ich, es auf der akademischen Ebene neu zu beleben. Die angehenden Manager – aber es könnten genauso gut Physiker sein oder Germanisten oder Psychologen oder Betriebswirte – sollen das ihnen theoretisch vermittelte Wissen stets parallel in der Praxis erproben und erweitern können. Und dafür brauche ich die Firmen in allernächster Umgebung, damit sowohl die Lernenden wie auch die Lehrenden permanent mit der Praxis in Verbindung bleiben.

Es ist doch eine Binsenweisheit, dass sich die lebenslang auf ihren Lehrstühlen sitzenden Professoren scheinbar zwangsläufig von der gesellschaftlichen und wirtschaftlichen Realität entfernen. Um das zu vermeiden, wird auf dem »Campus« jeder Professor entweder voll ins duale Verfahren integriert, das heißt, auch seine Tätigkeit besteht zu je 50 Prozent aus Praxis (Arbeit in den Unternehmen) und Theorie (Lehre und Forschung); oder aber er wird sich vertraglich verpflichten, die Schule nach spätestens vier Jahren zu verlassen, um mindestens ein Jahr in einer Firma tätig zu werden. Erst danach kann er gegebenenfalls zurückkommen und wieder einen Lehrstuhl übernehmen. Angesichts der Geschwindigkeit der Forschungs- und Wirtschaftsentwicklung sehe ich darin die einzige Chance, à jour zu bleiben und den Kontakt mit der Wirklichkeit nicht abreißen zu lassen.

Neben dieser Schule ist eine große Anzahl von Seminaren zur Umschulung und Weiterbildung vorgesehen. In einer Zeit, in der sich – das ist doch inzwischen Allgemeingut – das Wissen immer schneller erneuert, wird lebenslanges Lernen notwendig. Es ist mir völlig unverständlich, dass die deutschen Universitäten, von denen man annehmen sollte, dass in ihnen hochrangige Qualifikation versammelt ist, den gesamten Weiterbildungsbereich verschlafen und es lieber zulassen, dass ihre Angestellten ihr Wissen allenfalls privat, also in Nebentätigkeit, verwerten.

Die Hochschulen scheinen organisatorisch unfähig zu sein, maßgeschneiderte Weiterbildungskurse etwa für die Mitarbeiter von Daimler, SAP oder für den Mittelstand zu entwickeln und durch solche Kurse nicht nur ihr Renommee zu verbessern, sondern auch Transfusionsnutzen zu ziehen, die Osmose zu erhöhen. Stattdessen gründen immer mehr Unternehmen eigene »Corporate Universities«, während die mittleren und kleinen auf einen privaten Nachmittags- und Abendmarkt strömen. Der Bedarf ist groß, und die Uni hat es nicht gemerkt.

Schon 1998, so das Institut der deutschen Wirtschaft in Köln, wurden allein in Deutschland annähernd 80 Milliarden Mark für Weiterbildung ausgegeben: Etwa die Hälfte davon brachte die Privatwirtschaft auf, um ihre Mitarbeiter zu schulen; rund zwölf Milliarden ließen es sich Privatpersonen kosten, um ihre Fähigkeiten und Kenntnisse zu erweitern; den Rest zahlte der Staat über Einrichtungen wie die Bundesanstalt für Arbeit oder die Volkshochschulen. Von den Universitäten ist in den Ermittlungen des Instituts der deutschen Wirtschaft nicht die Rede. Die hohen Schulen belehren ihre Studenten. Und Schluss. Ach ja, geforscht wird auch noch – ebenfalls in aller Freiheit, versteht sich. Aber die Spitzenforschung findet längst ebenfalls woanders statt, zumeist dort, wo auch die akademische Ausbildung im dualen Modell erfolgt, wo sich also Wissenschaft und Praxis berühren und vermischen.

Und das soll auf unserem »Campus« stets der Fall sein. Neben der kommerziellen Weiterbildung wird es auch um die Umschulung etwa von langzeitarbeitslosen Akademikern gehen. Deren umfangreiches, in der Praxis erworbenes und angewandtes Wissen kann dabei zugleich in den so genannten Zukunftslaboren genutzt werden, wo in wechselnder Zusammensetzung, aber systematisch über neue gesellschaftliche, ökonomische oder pädagogische Perspektiven nachgedacht werden soll. In diese Arbeit der Weiterbildungsseminare und Zukunftslabore werden die Studenten selbstverständlich voll integriert. Ein 25-Jähriger soll sehen und erfahren, dass Menschen sich umschulen lassen, die lange Zeit in der Wirtschaft tätig gewesen sind, danach von neuem sich haben ausbilden lassen, wieder in die Wirtschaft gingen – und so fort. Sie sollen wissen, dass das normal ist und nicht etwa Versagen bedeutet. Ich möchte, dass der Jugendliche, der an dieser Hochschule studiert, tagtäglich mit möglichst unterschiedlichen Menschen in Kontakt ist, auch und gerade mit solchen, deren Beispiel ihn lehrt, dass ein Scheitern kein Grund ist, um in Depression zu verfallen, sondern eine Chance zum Neuanfang eröffnet.

Eine weitere Säule von »Campus« wird das Institute for Advanced Studies werden, an dem renommierte Wissenschaftler und herausragende Forscher aus der ganzen Welt für zeitlich begrenzte Projekte und Studien einen sowohl atmosphärisch wie auch finanziell attraktiven Rahmen finden sollen. Hierbei wird es im weitesten Sinne um problemorientierte Grundlagenforschung im Spannungsfeld von Wirtschaft, Technik und Gesellschaft gehen. Als wissenschaftliches Herzstück des »Campus« gibt das Institut allen angegliederten Bereichen wichtige Impulse und Anregungen; es dient aber nicht nur als Ideenlieferant, sondern auch als Beratungsgremium und Korrektiv, das die Suche nach einer neuen Einheit von Theorie und Praxis von Seiten der Theorie her begleiten und befruchten soll.

Zu guter Letzt wird es auf dem »Campus« vielfältige Bildungs-, Ausbildungs- und Fortbildungsmöglichkeiten für Menschen geben, die sich in gemeinnützigen Organisationen engagieren. In einer Zeit, in der der Staat immer weniger in der Lage ist, sich um die Gesellschaft in ihrer komplexen Vielschichtigkeit zu kümmern, kommt solchen »Bürgerinitiativen« eine immer größere Bedeutung zu. So gehörten die so genannten *Non Governmental Organizations* (NGO's) im Jahre 2001 erstmals auch zum offiziellen Teilnehmerkreis des alljährlich stattfindenden, exklusiven Weltwirtschaftsgipfels in Davos. Um dieser weiter zunehmenden Verantwortung gerecht zu werden, müssen sich die zumeist international agierenden Umwelt- und Menschenrechtsorganisationen stärker professionalisieren, das heißt, sie benötigen vermehrt Mitarbeiter, die neben ihrem Engagement und ihrer Motivation auch ein hohes Maß an Qualifikation mitbringen. Und in der Vermittlung solcher Qualifikationen ist mir – neben den inhaltlichen Aspekten – wiederum die »Begegnung« ein wesentliches Anliegen. Die zukünftigen Manager – oder Physiker oder Psychologen oder Betriebswirte – sollen während der Zeit ihrer Ausbildung nicht nur mit Arbeitslosen zusammenarbeiten, sondern auch mit Männern und Frauen, die sich für Greenpeace, für Amnesty International, für ein SOS-Kinderdorf oder für den Wohlfahrtsverband engagieren und ausbilden lassen.

Der Kerngedanke dieser neuartigen Bildungsinstitution besteht also in der Integration der verschiedenen, für gewöhnlich voneinander abgegrenzten Lernorte. Das ist eine deutliche Abkehr von der klassischen Pädagogik, wie sie die Lehrpraxis an den Hochschulen bis heute prägt. Die herkömmliche Universitätsdidaktik löst die Dialektik von Theorie und Praxis in ein zeitliches und logisches Folgeverhältnis auf und scheint davon auszugehen, dass man sich erst über einen längeren Zeitraum Wissen angeeignet haben müsse, bevor man praktische Aufgaben lösen kann. Dass diese künstliche Trennung falsch ist, hat man etwa an den französischen und amerikanischen Spitzenuniversitäten längst erkannt, wo die Anwendungen von Wissen und der Praxisbezug, ebenfalls in vielfältiger Kooperation mit Wirtschaftsunternehmen, einen viel größeren Raum in der Ausbildung einnehmen als an deutschen Universitäten.

Gerade diese falsche Trennung von Theorie und Praxis, von Lernen und Arbeiten ist es, die dem weitverbreiteten Fehlschluss Vorschub leistet, Theorie könne bruchlos in die Praxis überführt werden, beziehungsweise umgekehrt, Praxis lasse sich restlos durch Theorie erhellen. Dieser Fehlschluss führt fast zwangsläufig zu Enttäuschungen und hat häufig bereits in der Ausbildung, spätestens aber im beruflichen Alltag die ernüchternde Erkenntnis zur Folge, dass es sich mit der Realität des Wirtschaftslebens unverschämt anders verhält, als es in den Lehrbüchern steht; man könnte sagen, die Praxis verhält sich unseren Theorien gegenüber kränkend indifferent. So kommt es dann zu jenem erwähnten »Praxisschock« und möglicherweise zu einer tief sitzenden Aversion gegen alle Theorie, die angeblich »ach so grau« ist.

Dem gilt es gegenzusteuern. Wir sollten deshalb das vermeintlich logische Folgeverhältnis von Theorie und Praxis umkehren und die Praxis zum Ausgangspunkt der Vermittlung sowohl von berufsspezifischer Theorie als auch von Allgemeinbildung machen – Allgemeinbildung hier verstanden als interdisziplinäres Wissen, das für ein umfassendes Verstehen der beruflichen Situation und damit für verantwortliches berufliches Handeln notwendig ist. Die »Umkehrung« soll aber die Trennung nicht etwa mit nun umgekehrten Vorzeichen fortschreiben, sondern das Getrennte verbinden, ohne es ineinander aufgehen zu lassen. Jede Theorie geht aus der Praxis hervor, so wie eine Theorie ihrerseits dann wieder neue Praxis hervorbringen kann – und so fort. Diese wechselseitige Verschränkung, man kann es auch Dialektik nennen, transparent zu machen, ist die beste Voraussetzung dafür, den Zusammenhang nicht aus dem Blick zu verlieren.

Alle Menschen lernen besser, wenn sie lernen wollen und wenn sie das zu Erlernende in einen Sinnzusammenhang einfügen können. Hierfür finden sich jede Menge wissenschaftlicher Belege, die aber letztlich gar nicht nötig sind. Denn es ist trivial, und jeder kennt es aus eigener Erfahrung oder Anschauung: Dieselben Kinder, die in der Schule in Mathematik völlig versagen, können hervorragend mit Zahlen umgehen, wenn sie auf dem Schulhof Kaugummis verkaufen. Solange die Theorie der didaktische Ausgangspunkt bleibt, erscheint die Praxis stets als etwas Abgeleitetes, als ein auf diesen beschränkten Rahmen bezogener und entsprechend isolierter Sonderfall. Die Praxis selbst wird dadurch eigentümlich abstrakt. Wenn man hingegen von einer konkreten Praxissituation ausgeht, lässt sich das Allgemeine und Abstrakte der beruflichen oder fachlichen Theorie, wie auch des kulturellen Umfelds, sehr viel besser erschließen – und dadurch die Dialektik von Theorie und Praxis unmittelbar erfahrbar machen.

Es ist klar, dass ein solches Konzept nicht auf jeden Studiengang bruchlos übertragbar ist, sondern je nach Fachrichtung spezifischer Anpassungen bedürfte. In seiner Anlage und seinen Grundlinien hingegen dürfte es sich für jede Ausbildung als anwendbar erweisen. Und sollte es sich in einem Beispiel- oder Pilotprojekt bewähren, werden ja vielleicht auch die staatlichen Schul- und Hochschulvertreter Mut fassen und die offen daliegenden Schwächen und Anachronismen der real existierenden Bildung endlich zu beheben versuchen.

Solange es noch an Mut fehlt, werden Not, Anpassungsdruck und auch ein zunehmender Wettbewerb sowohl die Richtung als auch das Tempo der Veränderung bestimmen. Denn Bildung ist mittlerweile zu einem internationalen Geschäft geworden; in der amerikanischen Exportskala rangieren »Bildungsgüter« bereits an fünfter Stelle. Zehntausende von Studenten aus Asien, Lateinamerika und Osteuropa suchen nach einer guten Ausbildung und sind bereit, dafür zu zahlen. Das nutzen, wen wundert's, vor allem die amerikanischen, neuerdings aber auch die kanadischen und australischen Universitäten, die ein auf dem alten Kontinent bislang unbekanntes, ausgeklügeltes Hochschulmarketing betreiben: Sie gründen Recruiting-Büros in vielen Ländern und führen an ausländischen Schulen und Universitäten aufwendige Werbeveranstaltungen durch.

Auch der europäische »Markt«, der sich wegen seiner langen Bildungstradition recht sicher wähnte, wird zunehmend entdeckt: Universitäten aus Übersee werden zur ernst zu nehmenden Konkurrenz, eröffnen Filialen in Barcelona oder München, bieten Internet-Studiengänge an oder kooperieren mit europäischen Universitäten, wie die Rice University aus Texas mit der Bremer Uni – wobei Kooperation zumeist bedeutet, dass deutsche Studenten nach amerikanischem Curriculum lernen und dafür stattliche Studiengebühren entrichten.

Die größten Zuwachsraten dürften beim Online-Lernen zu erwarten sein, auf E-Commerce wird Edu-Commerce folgen. Schon heute werden in den USA mit Internet-Studienkursen Milliarden verdient. Der Primus dieser neuen Branche ist die University of Phoenix, mit rund 75 000 Studenten die zur Zeit wohl größte und erfolgreichste private Hochschule in Amerika, die ihr

Studienangebot geradezu radikal auf die neuen Medien abgestellt und an den Bedürfnissen der Studenten ausgerichtet hat. In klar strukturierten, praxisorientierten Sechs-Wochen-Kursen streben die überwiegend berufstätigen Studenten schnell und effektiv ihrem Abschluss entgegen. Akademische Freiheit der Lehrer, studentische Mitbestimmung, Forschung spielen in diesem Geschäft keine Rolle mehr. Selbst in der durchaus rauen amerikanischen Hochschullandschaft ist Phoenix damit Vor- und Schreckensbild zugleich, die »größte Herausforderung für die traditionellen Universitäten«, wie die *New York Times* urteilte. Und nicht nur in den Vereinigten Staaten: Wie viele große US-Hochschulen strebt auch Phoenix auf die Märkte in Asien, Lateinamerika und Europa. In Rotterdam hat die virtuelle Uni bereits ihren ersten Europa-Campus eröffnet, und Werbekampagnen in Deutschland lassen ahnen, was folgen wird.

Hier entsteht ein riesiger Markt, der in den nächsten Jahren hart umkämpft sein wird. Zahlreiche Universitäten und Colleges nehmen sich bereits an Phoenix ein Beispiel und bieten zumindest einige Kurse im Netz an, Spitzenunis wie Stanford investieren mehrere hundert Millionen Dollar, um im Internet-Geschäft dabei zu sein. Und es dürfte sich, rein wirtschaftlich betrachtet, um eine kluge Investition handeln, da die staatlichen Bildungssysteme den rapide gewachsenen Bedarf an Ausbildung und Qualifikation längst nicht mehr decken können. Gab es 1950 gerade einmal 6,5 Millionen Studenten weltweit, so waren es 1980 bereits 51 Millionen; heute streben noch einmal so viel, rund 100 Millionen Studenten, einen Hochschulabschluss an. Wenn die staatlichen, nichtkommerziellen Universitäten nicht auf-passen und sich nicht anpassen, werden sie im weltweit entbrannten Wettbewerb bald nicht mehr bestehen können.

Es hat aber immerhin den Anschein, als würde diese konkrete Bedrohung, die ich begrüße, die Bildungspolitik nun endgültig aus ihrer Apathie erwecken. Europa, dessen Universitäten, da sie ihr Geld vom Staat bekommen, bisher nicht um Studenten werben mussten, beginnt, den sich in vollem Gange befindlichen Wettbewerb zur Kenntnis zu nehmen und ihn sogar annehmen zu wollen, indem es sich seiner kulturellen und wissenschaftlichen Vielfalt – als stärksten Trumpfes – besinnt. Auch wenn für mein Verständnis alles viel zu lange dauert, lassen sich erste Ansätze eines durchaus radikalen Umdenkens erkennen. So soll innerhalb der nächsten Jahre ein Verbund europäischer Universitäten geknüpft werden, um den amerikanischen Elitehochschulen auf ihrem eigenen Feld – Spitzenforschung gekoppelt mit hervorragender Ausbildung – Paroli zu bieten. Die Voraussetzungen hierfür haben es allerdings in sich, denn bis heute kennzeichnet Europa ein Chaos unterschiedlicher Studienabschlüsse und Hochschulsysteme, das jedes Auslandsstudium und die Anerkennung der dabei erbrachten Leistungen denkbar kompliziert macht.

Das soll sich nun, wie gesagt, ändern. Unter dem Dach der neu gegründeten European University Foundation (EUF) sollen sich zunächst fünf bis sechs große Universitäten zusammenfinden, vor allem aus den EU-Staaten, aber auch aus anderen europäischen Ländern wie Polen oder Ungarn. Als wichtigstes Kriterium, um in den Kreis der Europauniversitäten aufgenommen zu werden, gilt – man höre und staune und sieht die Widerstände schon vor sich – eine weitgehende Unabhängigkeit vom Staat. Die EUF-Hochschulen sollen selbständig entscheiden, wie sie sich organisieren, welche Fächer sie anbieten und wofür sie ihr Geld ausgeben; sie werden das Recht erhalten, ihre Studenten selbst auszuwählen, ihre Lehrkräfte gegebenenfalls zu entlassen und Studiengebühren zu erheben – allesamt Freiheiten, von denen Hochschulreformer bis heute nur träumen konnten.

So wird den Studenten der künftigen Europauniversitäten vielleicht schon bald wieder möglich sein, was etwa zu Thomas von Aquins Zeiten noch selbstverständlich war: Aufnahme des Studiums in Neapel, dann Wechsel auf die Universität Paris, später Magisterprüfung in Köln. Verständigungsprobleme hat es damals nicht gegeben, die Unterrichtssprache war überall Latein; die europäischen Universitäten waren international und die akademischen Abschlüsse überall nahezu identisch.

Bis wir da wieder angelangt sind, wird noch so einiges Wasser die europäischen Flüsse hinabfließen. Aber die Richtung stimmt. Die European University Foundation darf allerdings auf Dauer kein Vorzeige- und Prestigeprojekt bleiben, sondern müsste Pilotcharakter haben und auf den gesamten Hochschulbereich in Europa beispielgebend ausstrahlen – eine Wirkung, auf die man nicht lediglich hoffen darf, sondern die man gezielt unterstützen muss. Denn durch die Gründung eines kleinen, feinen Universitätsverbundes allein, ebenso wie durch die Realisierung meines »Campus«-Projektes, würde all dies isoliert bleiben, wäre noch wenig gewonnen. Unser Hauptproblem ist nämlich nicht, wie so oft behauptet wird, die Elitebildung und erst recht nicht unsere Platzierung in irgendeinem internationalen Hochschulranking; unser Problem ist die Bildung in ihrer gesamten Breite. Und Bildung beginnt, das habe ich zu zeigen versucht, lange bevor die Kinder die klassischen Bildungseinrichtungen betreten, und sie hört noch lange nicht auf, wenn die jungen Erwachsenen die Universitäten verlassen und berufstätig werden.

In einem zusammenwachsenden Europa müssen auch die Bildungswege und -systeme – von der Schule über die Hochschule bis zur Weiterbildung – harmonisiert und muss ein internationaler Standard entwickelt werden, wie er beispielsweise für die Managementschulen mit ihrem einheitlichen Abschluss »MBA« (Master Business Administration) bereits existiert. Wer den europäischen Arbeitsmarkt für alle EU-Bürger öffnet, der muss auch an die Kinder derer denken, die dem Mobilitätsgebot nachzukommen bereit sind, und eine entsprechende »Freizügigkeit« im europäischen Bildungswesen ermöglichen. Gleiches gilt selbstverständlich auch für den Bereich der klassischen Berufsausbildung, die in den Ländern Europas ebenfalls unterschiedlich organisiert ist.

Bevor ich nun jedoch, schon etwas ermattet, diese letzte Etappe meiner kleinen Bildungsreise ansteuere und mich in der Berufswelt umsehe, möchte ich noch, angeregt durch das Projekt der Europauniversitäten, einen Abstecher machen und auf ein Thema zu sprechen kommen, das mir sehr wichtig erscheint. Denn wenn richtig ist, dass Lernen im Wesentlichen auf dem Gespräch, auf

Verständigung beruht, müssen wir uns noch mit dem Phänomen der Sprache beschäftigen – genauer, mit dem »Problem« der Vielsprachigkeit im zusammenwachsenden Europa. Für Thomas von Aquin hatte dieses Problem, trotz Vielsprachigkeit, nicht existiert; Kommilitonen und Professoren unterhielten sich überall in derselben Sprache. In dieser Hinsicht, aber wirklich nur in dieser, war man im Mittelalter fortschrittlicher. Und was damals das Lateinische war, daran besteht für mich kein Zweifel, wird in Zukunft das Englische sein. Schon die geschilderten Initiativen, wie der europäische Hochschulverbund oder mein ebenfalls international angelegtes Campus-Projekt, kommen an der Unterrichtssprache Englisch gar nicht vorbei. Das setzt aber sowohl bei Lehrenden als auch bei Lernenden Kenntnisse voraus, die heute noch alles andere als selbstverständlich sind. Das muss sich ändern, und je eher man diesem Erfordernis Rechnung trägt, umso besser.

Europa wächst zusammen. Die Globalisierung erfasst mehr und mehr Lebensbereiche. Und nicht mehr nur große, mittlere und kleine Unternehmen, sondern auch einzelne Arbeitnehmer sehen sich internationaler Konkurrenz gegenüber und engagieren sich zunehmend im Ausland. Dass diese Entwicklung an die Einzelnen wie an die Betriebe neue Anforderungen stellt, ist unmittelbar einleuchtend – es ist seit langem beobachtbar und schon viel länger absehbar. Reagiert hat aber bislang vor allem die Wirtschaft, mit zum Teil weit reichenden Konsequenzen, während die Politik, insbesondere die Bildungspolitik, immer noch zu wenig Handlungsbedarf ausgemacht zu haben scheint.

Bei all dem heutigen Gerede über die revolutionären Auswirkungen der neuen Informationstechnologien, die uns in eine Informations- und Wissensgesellschaft katapultiert hätten, sollte man doch meinen, dass in allen Bildungsinstitutionen – von der Familie bis zur Weiterbildung – kaum einer Frage mehr Gewicht beigemessen würde als der Frage, welche sprachlichen Fähigkeiten notwendig sind, um mit der zu erwartenden Informationsschwemme einerseits und den sich wandelnden Lebens- und Arbeitsbedingungen andererseits fertig werden zu können. Nun will ich hier nicht behaupten, dass niemand diese Frage stellt, es stehen aber nach wie vor die überzeugenden und entschiedenen Antworten aus, obwohl sie meines Erachtens auf der Hand liegen.

Wie viele deutsche Schulabgänger, Universitätsabsolventen oder Berufsanfänger wären spontan in der Lage, also sprachmächtig genug, an einer Europauniversität zu studieren oder in einem international tätigen Unternehmen zu arbeiten? Und wie viele deutsche Lehrer, ob an Schulen oder an Hochschulen, könnten ihren Unterricht in Englisch abhalten? Die Antworten hierauf dürften wenig befriedigend ausfallen. Und das belegt – erstens –, dass die Voraussetzungen für einen interkulturellen Dialog, für eine europäische Bildung, eine europäische Wirtschaft und einen europäischen Arbeitsmarkt tatsächlich erst geschaffen werden müssten, und es bestätigt – zweitens – noch einmal aus anderer Perspektive die schon beschriebene Diskrepanz zwischen Schul- und Berufsalltag.

Ohne die Einführung und Kenntnis einer gemeinsamen Sprache bleiben auch nach dem Wegfall aller Zollhindernisse und trotz aller Freizügigkeiten die Sprachgrenzen massive Barrieren, die uns Europäer am Beweglichwerden hindern. Dabei brauchen wir bloß Augen und Ohren zu öffnen, um zu erkennen, dass es schon heute eine globale Lingua franca gibt, ohne deren Hilfe, wie ohne die Hilfe der elektronischen Datenverarbeitung, nichts mehr geht in Ökonomie, Wissenschaft und Kommunikation: Englisch.

Als ehemalige Kolonialsprache und als Sprache der internationalen Diplomatie umspannt das englische Idiom längst den ganzen Globus. Wer nicht zumindest ein paar Begriffe oder Wendungen beherrscht, bewegt sich, ob er oder sie will oder nicht, am äußersten Rand einer politischen und gesellschaftlichen Weltprovinz. In Englisch verständigt man sich auf internationalen Business-Meetings, Englisch ist die meistverwendete Sprache in allen Organisationen der Europäischen Union und der Vereinten Nationen sowie auch in allen Lobbyisten-Organisationen aus dem so genannten Nichtregierungsbereich. Englisch ist die Weltsprache der Musik und der Jugendkultur; Englisch ist die sicher verbreitetste Verständigungsform des weltweiten Tourismus, dieser temporären Völkerwanderung; und Englisch ist – last, but not least – der zentrale Code des Internet.

Ohne Englisch bleiben einem immer größer werdende Ausschnitte der Realität verschlossen. Sprachbarrieren wirken wie Zäune, und solche Zäune gehören der Vergangenheit an. Sie sind Relikte aus einer Epoche unproduktiver Egozentrik und verweisen, sofern sie nicht durch übergreifende Idiome ergänzt werden, auf eine Zeit, in der noch nationalistische Urständ gefeiert wurden und wirtschaftliche »Inzucht« betrieben wurde. Eine gemeinsame Sprache zu sprechen, ist der Beginn grenzüberschreitender menschlicher Verständigung sowie die Bedingung der Möglichkeit, Wirtschafts- und Handelsbeziehungen zu etablieren. Sprachen sind mehr als nur Werkzeuge zur Verständigung, sie sind der Schlüssel zur eigenen und zu den anderen Kulturen.

Für mich ist die englische Sprache daher eine Schlüsselqualifikation, einer der kleinsten, aber unabdingbaren gemeinsamen Nenner einer europäischen Infrastruktur im Sektor Bildung und Ausbildung sowie eines europäisch geprägten Arbeitsmarktes. Ich meine damit natürlich nicht das Englisch der Royal Shakespeare Company, sondern jene Sprache, wie sie schon heute weltweit als latente Lingua franca existiert, ein pragmatisch-diplomatisches Englisch, auch ein technisch-utilitaristisches. Man kann es meinetwegen »Neo-Englisch« nennen, worin nichts Abwertendes liegen soll. Dieses Neo-Englisch wäre ein Schlüssel zur Tür aus der europäischen Misere.

Das heutige Europa ist doch für die Europäer so etwas wie ein Paradox. Sie werden einerseits, egal, wo sie sich gerade befinden, feststellen, dass sie sich in einer vertrauten Kultur bewegen. Sie können aber andererseits an vielen Orten nicht problemlos, häufig gar nicht kommunizieren. Wie viel anders wäre das, wenn an allen Kindergärten und Schulen der Europäischen Union, das heißt vom Beginn der institutionellen Bildung an, Englisch als zweite Sprache nicht nur gelehrt, sondern als Unterrichtssprache in vielen Fächern schlicht angewendet würde? Warum soll man Physik, Mathematik, Geographie,

Biologie oder Ökonomie überhaupt auf Deutsch, Dänisch oder Portugiesisch lernen, wenn doch längst auch die meisten relevanten Publikationen dieser Wissenszweige auf Englisch veröffentlicht werden? Das ist ja ein wesentlicher Grund dafür, dass uns die anglophone Wissenschaftswelt derzeit in vielen Disziplinen überholt hat.

Ein Euro-Schulunterricht auf Englisch würde zugleich, davon bin ich überzeugt, eine Verständigungskultur entstehen lassen, die eine Voraussetzung dafür wäre, dass sich keiner mehr von vornherein ausgeschlossen fühlen muss, weil er neu dazugekommen ist und die Landessprache noch nicht ausreichend gut beherrscht. Was in der neunten Klasse in Lissabon im Biologieunterricht gelehrt wird, wäre einem Lernenden, der aus Stockholm oder Leipzig kommt, nicht fremd, das Lernen könnte bruchlos weitergehen.

Einen solchen Zustand wünsche ich mir, wenn ich von Neo-Englisch und vom neuen Europa spreche: dass es zu einer vollkommenen Selbstverständlichkeit geworden ist, in einem Direktorium, einem Vorstand, an einem Operationstisch, auf dem Baugerüst, im Lehrer- und in den Klassenzimmern einer Schule sowie in den Seminarräumen der Universitäten englisch zu sprechen. Das muss und wird, wie schon einmal gesagt, nicht auf demselben Gesprächsniveau stattfinden, das wir in der eigenen Muttersprache erreichen können. Aber es sollte ausreichen, damit sich jeder überall in Europa ohne Verständigungsprobleme bewegen kann.

Noch scheint es aber, neben einigen politischen, vor allem psychologische Barrieren zu geben, die uns vor einer Neo-Englisch-Ausbildung unserer Kinder zurückscheuen lassen. Eine Koedukation der Sprachen dürfte vielen als Schreckgespenst erscheinen. Übrigens ganz sicher nicht den Kindern, denn die lernen aller Erfahrung nach um so leichter, je kleiner sie sind – sofern man sie nicht zu früh mit Grammatik malträtiert; Sprechen allein genügt. Aber was fürchten wir? Den Verlust unserer Wurzeln, unserer Kultur, unserer Eigenarten? Oder haben wir Angst, dass sich Eltern und Kinder am Ende nicht mehr verstehen?

Solche Sorgen scheinen auch einige Politiker umzutreiben, die glauben, zum Schutz der deutschen Sprache ein ähnliches Sprachgesetz einführen zu müssen, wie es vor Jahren einmal in Frankreich erlassen worden ist. Dort müssen wir etwa statt Computer »Ordinateur« sagen und statt Walkman »Balladeur«; mir ist allerdings nicht bekannt, dass schon einmal jemand belangt worden ist, weil er dieses Gesetz gebrochen hat. Ich möchte auf diese alberne Debatte hier nicht ernstlich eingehen. Aber so viel ist richtig daran: Die deutsche Sprache verdient sicher weit mehr Respekt und Aufmerksamkeit, als ihr zur Zeit entgegengebracht wird.

Deshalb noch einmal: Englisch soll die Muttersprache, die immer Priorität hat, keineswegs ersetzen, sondern ergänzen – und zwar im Sinne einer Dualität. Das in Deutschland so beliebte »denglische« Kauderwelsch, die Durchmischung der eigenen Sprache mit Anglizismen, ja, die Schöpfung neuer englischer Wörter, die kein Engländer mehr versteht (»Handy«), halte auch ich, man möge mir meinen Konservatismus nachsehen, für barbarisch. Vielleicht würde eine bessere Englisch-Ausbildung diesem – wiederum durch den Sprachbeschleuniger »Internet« forcierten – Trend sogar entgegenwirken. Die skandinavischen Sprachen beispielsweise sind deutlich widerstandsfähiger gegen das Eindringen von Anglizismen; zugleich wird in Skandinavien im Durchschnitt ein weitaus besseres Englisch gesprochen als hier, ohne dass mir jemals zu Ohren gekommen wäre, dass etwa die Schweden deshalb um ihre kulturelle Identität fürchten würden.

Einige Befürchtungen sind ja durchaus nachvollziehbar. Jede Öffnung schürt Ängste, jeder Übergang ist mit Unwägbarkeiten und Risiken verbunden. Ich glaube aber, dass wir, bei aller berechtigten Vorsicht, nicht nur unsere Kinder unterschätzen, sondern vor allem die Kraft und Bedeutung der Kultur. Und das eine ist so schädlich wie das andere, es hindert uns daran, auf die sich – mit oder ohne unser Zutun – vollziehenden Veränderungen Einfluss zu nehmen, sie nach unseren Überzeugungen und Vorstellungen mitzugestalten. In Kritik oder Vorwurf gewendet, gilt dieses Defizit insbesondere für die Politik, die sich in parteipolitischem Gezänk verliert oder sich – im Falle der Bildung – gern in den Bastionen des Föderalismus verschanzt.

Arbeitgeber, Arbeitnehmer und Selbständige, Schüler, Studenten und Auszubildende sind in ihrem tatsächlichen Verhalten schon sehr viel weiter, als es die Regierenden sind und wahrnehmen. Viele sparen schon für das Alter, obwohl es die gesetzliche Rentenversicherung gibt, viele bilden sich, auf eigene Kosten, in Nischen weiter, suchen Mittel und Wege, um eine Zeit lang im Ausland zu lernen oder zu arbeiten, eignen sich neue Technologien autodidaktisch an – vermutlich sehr viel erfolgreicher, als es beispielsweise die Schule fertig brächte. Das heißt, viele haben bereits begonnen, ihr eigenes Leben zu reformieren, bevor die politischen Instanzen überhaupt einen Reformbedarf erkannt haben. Das ist auch in Ordnung so, so ist es wohl immer, aber irgendwann muss die Politik, die doch eigentlich vorangehen sollte, wenigstens hinterherkommen.

Und siehe da, es tut sich etwas. In jüngster Zeit scheint auch in dieser konkreten Hinsicht, also hinsichtlich des Fremdsprachenunterrichts, Bewegung in die lange regungslose Bildungslandschaft zu kommen: Eltern begehren auf und wissen zahlreiche Pädagogen und Sprachforscher auf ihrer Seite, die durch vielerlei Erfahrungen bestätigen können, dass die Kinder gerade während der Vorschul- und Grundschulzeit in einem ausgesprochen günstigen Alter sind, um Sprachen zu lernen. In Schleswig-Holstein kämpft ein überregionaler »Verein für die Mehrsprachigkeit an Kindertagesstätten und Schulen« und zahlt die Lehrkräfte zum Teil aus eigener Kasse; in Berlin, wo gerade ein Modellversuch läuft, soll Englisch in spätestens zwei Jahren ab der dritten Klasse Pflicht werden; in Baden-Württemberg wird ab dem Schuljahr 2004/2005 an allen Schulen von der ersten Klasse an Fremdsprachenunterricht eingeführt; in anderen Bundesländern steht Englisch bereits auf dem Stundenplan der Grundschüler.

Auch im Bereich der Kindergärten sind, zumeist auf Elterninitiative hin, erste Ansätze beobachtbar, wird zunehmend Englisch angeboten, werden englische Lieder gesungen und englische Geschichten erzählt; wichtig ist jedoch – und die Ergebnisse der Sprachforschung wie Erfahrungen mit zweisprachig aufgewachsenen Kindern belegen dies –, dass hierfür englische Muttersprachler eingesetzt werden, weil sich Kinder in diesem Alter eine Sprache nicht logisch-systematisch, mittels der Rationalität eines pädagogischen Systems, sondern über ihren Klang und Rhythmus, über Modulation, Tonlagen und Mimik des Sprechers erschließen.

Es gibt sie immerhin, die kleinen Hoffnungszeichen, die den Kritiker vor Resignation bewahren können. Denn meine kleine Bildungsreise war bis hierhin ja alles andere als eine Vergnügungsfahrt. So vieles, was ich gesehen und besichtigt habe, befindet sich in beklagenswertem Zustand, ist renovierungsbedürftig, manches sogar schon in seiner Substanz beschädigt; da hilft ein neuer Anstrich außen oder eine modernere Ausstattung innen ganz bestimmt nicht weiter; der Verfall wird dadurch nicht aufzuhalten sein, er ließe sich auch nicht verlangsamen, sondern würde nur etwas länger geheim gehalten werden. Aber immerhin gibt es jede Menge Ideen, wie die alte Substanz zu retten und neue aufzubauen sei. Es mangelt allerdings noch an differenzierten Konzepten, und es fehlt vor allem an Handlungswillen. Es geht uns doch gut, und wir können immer auf andere zeigen, die schon mal vorangehen sollen, die angeblich erst einmal die Voraussetzungen zu schaffen und Vorleistungen zu erbringen hätten.

Leider gibt es keinen Anlass anzunehmen, dass mich ausgerechnet auf der letzten Station, bei der Berufsausbildung, andere Erfahrungen erwarteten, mir also zur Abwechslung und zum Abschluss ein angenehmer Aufenthalt bevorstünde. Da wir aber nun in den schon durchschrittenen Landschaften des Lernens immer wieder auf ähnliche Formationen, ähnliche Verwerfungen und Zerklüftungen gestoßen sind, will ich mich auf dieser letzten Etappe auf das Besondere konzentrieren und im Unterschied zu den vorangegangenen Kapiteln versuchen, einen positiveren Ausklang zu finden, indem ich mich beim anstehenden »Schadensbericht«, der Anamnese, eher zurücknehme und stattdessen einen Therapievorschlag unterbreite.

Was aber ist nun das Besondere am System der beruflichen Ausbildung? Denn an sich, das werden wir schnell sehen, unterscheidet es sich strukturell keineswegs von den anderen staatlichen Bildungsinstituten – allenfalls graduell durch einen deutlich höheren Praxisanteil, durch eine klarere Zweckbestimmung. Und doch gibt es etwas ganz Besonderes, ich möchte es ein Moment der Tragik nennen: Nachdem die Schüler nun über viele Jahre ihre Gehirnaktivitäten während des Unterrichts klein gehalten haben, nachdem sie jahrelang belehrt wurden, anstatt zu lernen, nachdem ihnen die Lehranstalten dadurch möglicherweise die letzte Lust am Lernen genommen haben, brechen sie mehr oder weniger beschwingt in die vermeintliche Freiheit auf, sehen sich dort aber unvermittelt mit einer Forderung konfrontiert, die heute in aller Munde ist und in allen Zeitungen steht und die ihnen wie ein schlechter Scherz erscheinen mag: lebenslanges Lernen. Das mag für viele, nach all den leidvollen Erfahrungen, wie ein grausames, auf einem Justizirrtum gründendes Gerichtsurteil klingen. Lebenslänglich!

Schöne neue Berufswelt
oder:
Lifelong learning

*Ach, man lernt, wenn man muss; man
lernt, wenn man einen Ausweg will; man
lernt rücksichtslos.*

FRANZ KAFKA

Und das Lernen hört nie mehr auf! So war es natürlich
schon immer, nicht erst, seit der frühere französische Premierminister Edgar Faure das »lebenslange Lernen« zum
Prinzip einer künftigen Bildungspolitik erhob; wenn ich
mich recht erinnere, war das im Jahre 1972, also lange
bevor die neuen Informationstechnologien weltweit den
Markt eroberten und eine so genannte New Economy
kreierten. Wer aber nun glaubt, der alte Sinnspruch:
»Bildung spart man in der Jugend an und zehrt davon
sein Leben lang«, habe seine Gültigkeit verloren, der
missversteht wieder einmal, was Bildung heißt. So meint
auch das Schlagwort vom »lebenslangen Lernen«, sofern
es mehr als eine Banalität bezeichnen will, im Grunde
nur eine Spezialform des Lernens: Gemeint ist Qualifikation, die neue Notwendigkeit einer lebenslangen Aus-
und Weiterbildung.

Selbstverständlich zehrt man von guter Bildung ein
Leben lang. Ich habe das in meinem letzten Buch einmal
mit einem Bad à la Obelix verglichen, der als Kind in
den Kessel mit Zaubertrank gefallen war und daraufhin
sein Leben lang eine ungeheure Stärke aufbrachte, ohne

wie Asterix und die anderen Bewohner des wehrhaften gallischen Dorfes auf Doping angewiesen zu sein. Bildung in dem hier verstandenen Sinne macht stark, und sie wäre die beste Voraussetzung, um die eigenen Kenntnisse und Fähigkeiten permanent und selbsttätig zu erweitern. Denn im Unterschied zum Ungebildeten oder Eingebildeten weiß der Gebildete um sein Nichtwissen, das auf paradoxe Weise sogar zunimmt, je mehr einer weiß. Aber das ist ein anderes Thema.

Eine permanente und selbsttätige Erweiterung der eigenen Kenntnisse und Fertigkeiten ist jedenfalls heute in der Tat – diesen Schrecken kann ich den jungen Leuten nicht nehmen – dringender denn je geboten. Die alte Überzeugung beispielsweise – nicht zu verwechseln mit obigem Sinnspruch –, dass man in der Ausbildung gut 90 Prozent der für sein Arbeitsleben notwendigen Qualifikation erwerben würde und danach nur noch rund zehn Prozent Anpassungskenntnisse erforderlich seien, um im Beruf erfolgreich bestehen zu können, ist nur noch töricht zu nennen. Die klassische Erwerbsbiographie – nach einer langen Lern- und Lehrzeit eine sichere Anstellung zu finden und bis zur Rente zu tun, wofür man einmal ausgebildet worden ist – gehört der Vergangenheit an.

Der normale Lebensweg von morgen wird anders aussehen: kürzer lernen, schneller in den Arbeitsprozess eintreten, mehrmals im Leben den Beruf wechseln. Dabei darf eine mögliche »Pause« zwischen der einen und der anderen Berufstätigkeit nicht in jedem Fall als Arbeitslosigkeit betrachtet, sondern sollte als eine Art Moratorium, als eine Vorbereitungs- und Umschulungsphase genutzt werden. Schon heute wechselt ein junger, studierter Amerikaner in 40 Arbeitsjahren rund fünfzehnmal die Stelle und tauscht dabei seine Kenntnisbasis wenigstens dreimal komplett aus. Höchste Beweglichkeit ist also gefragt, Mobilität wird zum Schlüsselbegriff für die Zukunft der Arbeit. Das sollte natürlich Konsequenzen für die gesamte Ausbildung haben, die mit der Einschulung beginnt und mit der Aufnahme einer Berufstätigkeit noch lange nicht aufhört.

Der Hauptgrund für die wachsende Veränderungsdynamik und den zunehmenden Anpassungsdruck liegt auf der Hand und ist auch schon oft genug benannt worden: die Wissensexplosion. Während sich das Weltwissen im 18. Jahrhundert, statistisch gesehen, alle 100 Jahre verdoppelte, genügten hierzu im letzten Jahrhundert bereits die Jahre 1900 bis 1950. Mittlerweile hat sich diese Zeitspanne auf durchschnittlich 15 Jahre verringert, mit weiterhin stark abnehmender Tendenz. Diese Dynamik lässt sich fassbar machen, wenn man beispielsweise bedenkt, dass sich die Zahl der allein in den USA arbeitenden Naturwissenschaftler rund alle dreizehn Jahre verdoppelt. Zeitlich und räumlich hochgerechnet heißt das, dass neun von zehn Naturwissenschaftlern, die je in der Geschichte der Menschheit tätig waren, in der Gegenwart forschen. Und alles, was sie erforschen, wird selbstverständlich dokumentiert, auf mögliche Anwendungen hin überprüft, variiert, ergänzt, verworfen und wieder neu untersucht – und die neuen Ergebnisse später dokumentiert, überprüft, variiert, und so fort.

So wachsen unsere Bibliotheken jedes Jahr um weitere 1,5 Regalkilometer. In den nächsten zehn Jahren wird mehr gedruckt werden als in den ganzen Jahrhunderten zwischen der Erfindung des Buchdrucks und heute zusammengenommen. Dabei werden die auf Papier gedruckten Informationen im Zuge der Digitalisierung jedweder Daten einen immer kleineren Teil des »Weltwissens« ausmachen, wodurch die Halbwertszeit des Wissens mit noch größerer Rasanz schrumpfen wird. Es sollte klar sein, dass unter solchen Bedingungen die Erstausbildung gegenüber der Weiterbildung zwangsläufig an Bedeutung verliert. Wer sich künftig in der Berufswelt behaupten will, wird also gar nicht umhinkönnen, sich permanent auf dem Laufenden zu halten, sich lebenslang weiterzubilden.

Mehr noch als die »tiefen« und die »hohen« Schulen gerät durch diese neuen Anforderungen des Arbeitsmarktes also zweifellos das herkömmliche System der Berufsausbildung unter Druck. Denn dieses System, in dem es ja um die Vermittlung spezifischer, praktisch anwendbarer Kenntnisse und Fertigkeiten geht, ist von den sich vollziehenden Veränderungen unmittelbar betroffen. Konkret gefragt: Ist eine zwei- oder dreijährige Lehrzeit angesichts des rasanten Wandels der Berufe und Berufsbilder überhaupt noch sinnvoll? Kann sie den Lehrling noch angemessen auf sein voraussichtlich mobiles Berufsleben vorbereiten? Und ist die Lehre auch für die Betriebe noch eine attraktive Einrichtung und zugleich das adäquate Verfahren, um künftige Mitarbeiter auszubilden?

Jahrzehntelang galt das deutsche Modell der beruflichen Ausbildung, das so genannte duale System mit seiner Kombination aus berufsspezifischer Qualifizierung im Betrieb und überbetrieblicher Ausbildung an den Berufsschulen, weltweit als beispielhaft, ja es war sogar so eine Art Exportschlager. Dieses in vielen Ländern kopierte System garantierte den Azubis eine praxisgerechte Ausbildung und den Unternehmen sozusagen fertige, mit allen erforderlichen praktischen und theoretischen Kenntnissen ausgestattete Mitarbeiter – solide ausgebildete und loyale Angestellte, die ihren einstigen Lehrbetrieben oft bis zum Ruhestand treu blieben.

Inzwischen ist das Erfolgsmodell jedoch gehörig unter Druck geraten. Es scheint nicht mehr zeitgemäß und schon gar nicht mehr bedarfsgerecht zu sein, da es auf ein verändertes Umfeld trifft und somit auf eine Praxis vorbereitet, die nicht mehr existiert. Das heißt nun keineswegs, dass die Idee der Dualität falsch wäre, es bedeutet vielmehr, dass die Inhalte und die Struktur der Ausbildung der gewandelten und sich weiter wandelnden Berufswelt nicht mehr gerecht werden, dass sie mit dem Wandel nicht Schritt halten können. Das gilt nicht für jedes Arbeitsfeld in gleichem Maße; natürlich gibt es zum Teil erhebliche Varianzen in der Diskrepanz zwischen Ausbildung und Berufsrealität: Ein Bäcker bleibt ein Bäcker, auch wenn er vielleicht nicht mehr morgens um vier Uhr in der Backstube steht, sondern ab neun Uhr hinter einer Supermarkttheke, wo er für die Qualität und Auswahl der Backwaren verantwortlich ist; in anderen Berufen hingegen hat sich außer der Berufsbezeichnung nahezu alles verändert: So dürften die Arbeitsmittel und die konkreten Tätigkeiten eines heutigen Kaufmanns beispielsweise mit der Berufspraxis eines Kaufmanns von gestern nicht mehr allzu viel gemein haben.

Jahr für Jahr entstehen neue Berufe, für die es noch gar keine Ausbildungsgänge gibt, und entwickeln sich auch in »alten« Berufen völlig neue Anforderungsprofile, ohne dass eine standardisierte Ausbildung darauf adäquat und rasch genug reagieren könnte; viele Betriebe sehen sich angesichts immer stärker differenzierter Produktion und veränderter Arbeitsorganisation immer weniger in der Lage, einem Lehrling das volle Berufsbild nach den herkömmlichen, allgemeinen Vorgaben zu vermitteln; entsprechend sinkt die Bereitschaft zur Ausbildung, die mehr und mehr wie ein rückwärts gewandtes Ritual, wie ein Relikt aus vergangenen Zeiten erscheinen muss. Auch hier stellt sich also bei einem unvoreingenommenen Betrachter ein ähnlicher Eindruck ein wie an Schulen und Hochschulen: Nicht für die Gegenwart und schon gar nicht für die Zukunft scheinen wir auszubilden, sondern für die Vergangenheit. Die Bildung, wie wir sie systematisiert und organisiert haben, kommt offenbar immer zu spät, ist eine verspätete.

Der Fehler des dualen Systems verbirgt sich also, wie schon angedeutet, nicht etwa hinter dem Wörtchen »dual«, sondern hinter dem Begriff »System«. Es ist zu fest gefügt, zu starr. In einer Zeit, in der die Grenzen zwischen Leben, Lernen und Arbeiten immer stärker verwischen, und für eine Zukunft, in der Ausbildung und Weiterbildung lebenslang zum Alltag gehören werden, ist ein auf Standardisierung setzendes System, das zudem die Orte des theoretischen und praktischen Lernens strikt trennt – Berufsschule hier, Betrieb da –, nicht mehr angemessen.

Man muss hier gar nicht in den pompösen Jargon der

IT-Euphoriker verfallen und von »New Economy« oder »New Work«, von »Wissensarbeitern«, »Kompetenz-karrieren« oder gar – besonders hübsch – von »exterritorialen Schreibtischen« faseln; man muss die augenfälligen Veränderungen nicht zu einer Revolution aufbauschen, um die Notwendigkeit von Reformen zu begründen. All dieses »ungebildete« Gerede ist eher ärgerlich und dazu angetan, das Denken zu behindern, indem es die zum Denken notwendigen Begriffsunterscheidungen einfach ignoriert. Was, um alles in der Welt, weiß ein Wissensarbeiter? Und was arbeitet er? Was habe ich davon, wenn meine Kompetenz Karriere macht, ich aber nicht? Und was ist so verdammt neu an der New Economy?

Fragen Sie mal einen, der so spricht! Aber machen Sie sich keine Hoffnung auf eine Ihre Neugier befriedigende Antwort. Jemand, der so unbedacht daherplappert, »weiß« nicht viel, und er wird vermutlich sein Leben lang auch nichts mehr dazulernen, sondern allenfalls sein vermeintliches Wissen von Zeit zu Zeit »updaten« – obwohl es doch gleichgültig sein sollte, ob die neuen Daten nun auf einem externen oder internen Speicher abgelegt sind. Warum doppelt speichern? In dieser modischen Eco-Terminologie erscheint mir sogar das an sich richtige Konzept vom lebenslangen Lernen wie eine Zumutung, gegen die man sich zur Wehr setzen müsste. So ausgesprochen, klingt das Konzept in der Tat wie eine Drohung; es animiert zu nichts, sondern infantilisiert uns oder macht uns zu bloßen Datenträgern: Mit Bildung, Wissen und Lernen hat all das herzlich wenig zu tun.

Doch zurück zu den Veränderungen. Wie man das

»duale« erhalten könnte, ohne das »System« behalten
zu müssen, habe ich schon am Beispiel meines Campus-
Projektes gezeigt, auf das ich hier umstandslos zurückkommen kann. Es ließe sich ohne große Schwierigkeiten
auch für die klassische Berufsausbildung durchbuchsta-
bieren, würde sowohl den Aus- wie den Weiterbildungsbereich abdecken und könnte das praktische mit
dem theoretischen Wissen, wie oben ausgeführt, verknüpfen. Hierzu bedürfte es allerdings der Bereitschaft
zu einer grundlegenden Neuausrichtung der beruflichen
Bildung.

Wenn es richtig ist, dass die Berufsfelder einem immer
rascheren Wandel unterliegen und eine klassische Lehrzeit damit anachronistisch wird; wenn es stimmt, dass
sich die Arbeitsorganisation in den Betrieben von der
berufsbezogenen und funktionalen Arbeitsteilung weg-
und zu einem eher prozessorientierten Arbeiten hinent-
wickelt; wenn es zutrifft, dass spezifische fachliche
Kenntnisse und Fertigkeiten innerhalb immer kürzerer
Perioden veralten und also nur noch in relativ kurzen
Phasen des Arbeitslebens angewendet werden können;
wenn eintritt, was etwa OECD und andere Organisationen prognostizieren, dass nämlich der Berufswechsel zur
Normalität werden wird; wenn die Dienstleistungs-
orientierung aller Branchen, wie erwartet, weiter zunimmt; und wenn der Gegensatz von Lernen und Arbeiten im Zuge all dieser Veränderungen endgültig aufgelöst
ist – und all das trifft zu oder wird eher früher als später genau so kommen: Dann werden grundlegende,
fach- und berufsübergreifende Kenntnisse und Fertigkeiten immer stärker gefordert sein, dann wird eine neue,

neuartige Aus- und Weiterbildungslandschaft entstehen müssen, die darüber hinaus in eine ebenfalls erneuerte, neuartige Bildungslandschaft zu integrieren ist.

Vielleicht ist das alles zu viel auf einmal, so viel, dass man sich gar nicht anzufangen traut. Dabei wäre gerade im Bereich der beruflichen Bildung ein Anfang gar nicht so schwer, weil hier der Bedarf und die Bedürfnisse viel leichter zu ermitteln sind als in anderen Bildungsregionen. Denn im Unterschied zur Bildung im Allgemeinen ist ja für die Ausbildung im Besonderen die Frage nach dem »Wozu« geradezu konstitutiv. Ausbildung lässt sich also immer von einem Ziel her definieren, und dieses Ziel wird nicht zuletzt durch die beschriebenen Veränderungen mitbestimmt. So sollte es jedenfalls sein.

Da ich nur ein Autor und kein Bildungspolitiker bin, da ich auch weder eine Gewerkschaft noch einen Berufsverband vertrete, muss ich hier auf mögliche Widerstände, auf Einzelinteressen oder gar auf föderale Strukturen keine Rücksicht nehmen, sondern kann – zumindest gedanklich – geradewegs aufs Ziel zumarschieren. Ich sehe dort Berufsakademien, die ganz ähnlich angelegt und organisiert sind wie mein Campus-Modell. Die herkömmliche Form der Berufsausbildung ist abgeschafft; nicht mehr einzelne Firmen, sondern die Wirtschaft als Ganzes bildet aus, in gemeinsamer Verantwortung und nach einem von allen Beteiligten ermittelten Bedarf. Diese Ausbildung findet in verschiedenen, möglicherweise nach Branchen ausdifferenzierten Berufsakademien statt, die zu einem Teil öffentlich, zu einem größeren Teil jedoch durch die Wirtschaft selbst, etwa über umsatzabhängige Einlagen in einen gemeinsamen Ausbildungsfonds, finanziert werden. Im Unterschied zu Weiterbildungsmaßnahmen muss die Ausbildung für die Auszubildenden auch in Zukunft nicht nur kostenfrei bleiben, sondern bezahlt werden, weil die »Lehrlinge« auch weiterhin, sogar in steigendem Maße, geldwerte Leistungen für die Betriebe erbringen. Sie arbeiten von vornherein mit.

An jedem Akademiestandort haben sich zahlreiche Firmen derselben oder einer verwandten Branche angesiedelt, deren Mitarbeiter in wechselnden Rollen zugleich Lehrende wie Lernende sein können. Sie lassen sich vor Ort weiterbilden oder umschulen, geben aber daneben ihr praktisches Wissen und ihre beruflichen Erfahrungen in gemeinsamer Arbeit oder in der Lehre an die Schüler weiter. Jeder Akademie sind ebenfalls Zukunftslabore, ein Forschungsinstitut und verschiedene Weiterbildungseinrichtungen angegliedert, deren Zusammenspiel in etwa so organisiert ist, wie ich es oben für das Campus-Projekt geschildert habe.

Das Gewebe aus Firmen, Weiterbildungs- und Forschungsinstituten eröffnete viele Möglichkeiten und würde zugleich der wachsenden Erkenntnis Rechnung tragen, wonach das klassische Konkurrenzprinzip kontraproduktiv und beispielsweise dafür mitverantwortlich sei, dass in Deutschland durchschnittlich etwa jede Viertelstunde ein Betrieb Konkurs anmeldet. Viele Firmen haben längst realisiert, dass ein Miteinander ökonomisch häufig vernünftiger ist als ein gnadenloses Gegeneinander, und sich zu Innovationskoalitionen auf Zeit zusammengeschlossen. Ein neues Produkt zu entwickeln, ist heute für ein einzelnes mittelständisches

Unternehmen wegen der zum Teil immensen For-schungs- und Entwicklungskosten kaum noch möglich; also schließt man sich mit anderen Betrieben zu einem Pakt zusammen, um die für die Entwicklungsphase erforderlichen Mittel gemeinsam aufzubringen: Know-how, Arbeitskraft, Geld. Tritt das Produkt dann in die Herstellungsphase, werden alle Firmen, je nach Art und Umfang ihres Einsatzes, am Erlös beteiligt.

Ein solches Wettbewerbskonzept, das nicht nur den entwicklungsintensiven Branchen wärmstens empfohlen sei, ließe sich im Umfeld neuartiger Berufsakademien geradezu modellhaft etablieren. Es entspräche zugleich dem Ziel einer betriebs- und berufsübergreifenden Aus-bildung. Neue Produkte beispielsweise ebenso wie neue Formen der Arbeitsorganisation könnten, unter Ein-schluss der Schüler, in den gemeinsam finanzierten Zukunftslaboren oder Forschungsinstituten entwickelt werden; das an den Standorten der Akademien versam-melte Know-how ließe sich in vielerlei Hinsicht und in wechselnden Allianzen sinnvoll nutzen.

Die Schüler ihrerseits würden sich von vornherein nicht auf eine fest umschriebene Tätigkeit, auf ein klar umrissenes Aufgabenfeld und schon gar nicht auf eine konkrete Firma festlegen. Ihre Ausbildung sollte sich vielmehr an Grundfertigkeiten orientieren, die jeder Betrieb einer Branche braucht und die letztlich auch über die Branchengrenzen hinweg Gültigkeit haben: Mün-digkeit, Verantwortungsbewusstsein, Selbständigkeit, Team- und Anpassungsfähigkeit sowie die Bereitschaft und die Fähigkeit, sich in einer überschaubaren Zeit-spanne mit neuen speziellen Kenntnissen vertraut und für neue Aufgaben kompetent zu machen. Innerhalb eines solchen Rahmens wäre das jeweilige Berufsbild dann sicher genügend flexibel, um sich gewandelten Anforderungen anzupassen, es ließe sich darüber hinaus problemlos und je nach Bedarf durch betriebs-, unternehmens- oder branchenspezifische Qualifikationen ergänzen – sei es in den Unternehmen selbst, sei es in den Weiterbildungseinrichtungen der Berufsakademien.

Wer nun von mir ein ausgefeiltes Curriculum, etwa am Beispiel eines konkreten Berufsbildes, oder einen detaillierten Entwicklungs-, Finanzierungs- und Organisationsplan für eine solche Berufsakademie erwartete, den (oder die) muss ich leider enttäuschen. Das könnte ich allenfalls für mein eigenes Hochschulprojekt vorlegen – und selbst in diesem Fall ganz sicher nicht ohne die Hilfe anderer. Anstatt »Utopia« zu entwerfen und mir anzumaßen, in präzisen Arbeitsaufträgen angeben zu können, wie es gebaut werden soll, wäre ich schon froh, wenn es mir auch nur im Ansatz gelungen sein sollte, plausibel zu machen, warum es gebaut werden soll. In dieser Hinsicht halte ich mich an Saint-Exupéry, der einmal – ich habe ihn weiter vorn zitiert – empfohlen hat: Willst du ein Schiff bauen, dann rufe die Menschen nicht zusammen, um ihnen die hierfür erforderlichen Handgriffe zu zeigen, sondern um sie die Sehnsucht nach dem »großen, endlosen Meer« zu lehren.

Sehnsucht ist ganz bestimmt ein besserer, weil weitblickenderer Ratgeber als die Not. Jene strebt nach Erfüllung, nicht nach Linderung, möchte etwas beginnen und nicht beenden. Ich hoffe, das klingt nun nicht zu verstiegen. Vielleicht hat mich die anstrengende Reise durch die zerklüfteten Landschaften des Wissens träumerisch gemacht. Aber dagegen wäre meines Erachtens auch gar nichts einzuwenden. Denn wenn sie mich träumerisch gemacht hat, dann allenfalls im Sinne des Titels meines vorangegangenen Buches: Mit Träumen beginnt die Realität. Wer einen besseren Zustand nicht herbeisehnt, nicht von ihm träumt, wird ihn gewiss auch niemals erreichen. Und um ihn zu erreichen, braucht man einen Fixpunkt, muss man den Horizont im Auge behalten und nach den Sternen sehen, sich an den – um noch einmal Saint-Exupéry zu zitieren – Sternen und am Horizont orientieren und nicht etwa an den Lichtern vorbeifahrender Schiffe.

»Versteh' schon«, mag nun jemand ironisch einwenden, »der Goeudevert träumt und andere sollen seine Träume verwirklichen. So haben wir es gern.« Aber ganz so ist es nicht, und so sollte es auch niemand gern haben; ein anderer sollte stets seine eigenen Träume zu verwirklichen versuchen, nicht meine. Interessant wird es erst, wenn sich unsere Träume ähneln, wenn sich viele Menschen ähnliche Zustände erträumen, wenn wir denselben Horizont sehen und dieselben Sterne anvisieren; und um dies herauszufinden, muss jemand anfangen, von seinem Traum zu erzählen. Aber das ist nur ein erster Schritt in die Realität. Ich möchte schon weiter gehen und werde mich deshalb auch vor Konkretion nicht drücken, sondern am Schluss einige Vorschläge unterbreiten und Forderungen erheben, um das, was ich für richtig halte, zur Diskussion zu stellen.

Letzten Endes aber geht es selbstverständlich nicht um das, was ich für richtig halte. Es geht um nicht weniger als um »das Richtige« – verstanden nicht in einem irgendwie »objektiven«, sondern in einem intersubjektiven Sinne. Wir müssen, als Einzelne wie als Gesellschaft, eine Vorstellung davon entwickeln, was und wohin wir wollen. Und um als Gesellschaft eine solche Vorstellung entwickeln zu können, müssen sich zunächst einmal die Einzelnen über ihre je individuellen Vorstellungen verständigen – wohlgemerkt: verständigen, nicht bloß wechselseitig informieren, möglicherweise per E-Mail. Diese Verständigung, mittels der man seine Meinungen und Auffassungen manchmal sogar buchstäblich austauschen kann, weil man etwas einsieht oder weil die Auffassung eines anderen überzeugt, wäre im Idealfall ein permanenter Prozess, aus dem sich dann eine von der Gesellschaft ausgerichtete Entwicklung herauskristallisiert, die dieser Gesellschaft den idealen Kurs angibt. Von einem solchen Idealkurs sind wir aber vor einiger Zeit schon abgewichen und haben stattdessen vieles, leider auch die Bildung, einer fatalen Eigendynamik überlassen, die in Wahrheit in einen Blindflug mündet.

Zwar herrscht nun wirklich kein Mangel an Verlautbarungen, Ermahnungen, Forderungen, an gesprochenen und geschriebenen Worten, aber das ganze Gerede will sich, wofür die Bildung exemplarisch ist, zu keinem Gespräch mehr fügen. Die zahllosen und durch die neuen Techniken noch einmal vervielfachten Monologe münden immer seltener in einen Dialog, in einen lebendigen, direkten Austausch verschiedener Auffassungen und Zielvorstellungen. Aber nur im Verlaufe eines solchen Dialogs kann ein Konsens entstehen, der durchaus keinen einheitlichen Standpunkt erfordert, sondern der verschiedene Standpunkte vermittelbar macht. Neugier, nicht Konkurrenz wäre sein Prinzip. Erst auf der Grundlage eines solchen Dialogs kann sich Gemeinsamkeit gründen, können gemeinsame Ziele auch gemeinsam verwirklicht werden.

Noch herrscht aber überwiegend Konkurrenzdenken vor. Gespräche zwischen den einzelnen Regionen, das haben meine Exkursionen ergeben, werden selten gesucht und noch seltener geführt. Jeder hütet seinen Claim, bemerkt aber nicht, dass sein Terrain gerade durch diesen Schutz, durch die Abschottung und Einigelung in Gefahr gerät. Es bedarf offenbar einer Moderation und eines distanzierten Blicks. Ich werde meine Reise deshalb nun beenden, die dabei gesammelten Eindrücke noch einmal bündeln und mich auf Distanz begeben, in der Hoffnung, einen Überblick zu gewinnen.

Wissen für morgen

*Die Kunst ist lang, das Leben kurz, das Urteil
schwierig, die Gelegenheit flüchtig. Handeln ist
leicht, denken schwer; nach dem Gedanken
handeln unbequem.*

JOHANN WOLFGANG VON GOETHE

Angenommen, was ich auf meiner Reise gesehen habe,
entspricht der Wirklichkeit, und vorausgesetzt, was ich
darüber zu sagen hatte – obwohl es sicher noch weit
mehr zu sagen gäbe –, ist im Großen und Ganzen zutreffend, dann wären Veränderungen zwingend. Und tatsächlich ist ja ein zunehmender Druck spürbar, der von
diesem Zwang auszugehen scheint: ein ansteigendes
Interesse an Bildung, eine wachsende Sorge, dass wir für
die Zukunft schlecht gerüstet sein könnten. Maßgebli-
che Veränderungen aber sind noch nirgends in Sicht. Es
melden sich nur immer mehr »Opfer« zu Wort, die allerdings häufig dazu neigen, es sich in ihrem Opferstatus
bequem zu machen, und hinter den schlechten Verhältnissen, unter denen sie leiden, schlicht in Deckung gehen
– scheinbar auf irgendein Wunder oder auf einen Erlö-
ser wartend. »Was können wir schon tun?«

Die Lehrer klagen, die Schüler stöhnen, die Eltern
schimpfen, die Wirtschaft mahnt, die Politik appelliert –
alle haben Recht, und keiner hat Schuld. Beim Durch-
gang durch die verschiedenen Etappen dürfte klar geworden sein, dass wir uns nicht innerhalb eines Ganzen, eines

halbwegs integrierten »Bildungslandes« bewegt haben, sondern durch vier Länder reisen mussten, in denen vier verschiedene Sprachen gesprochen werden und deren Grenzen scharf bewacht sind. Strikte Transit- und Visabeschränkungen regeln den Besuchsverkehr; eine Einreise wird nur nach Vorlage ordnungsgemäß beglaubigter Dokumente gewährt und eine Aufenthaltsgenehmigung den meisten nur zeitlich befristet erteilt. Kein Land mischt sich in die »inneren Angelegenheiten« der benachbarten Länder ein; der Umgang untereinander ist von diplomatischer Höflichkeit und distanziertem Desinteresse geprägt, man ist ja schließlich zivilisiert. Innerhalb der je eigenen Grenzen hat man sich leidlich eingerichtet, alle Abläufe sind Routine, und aus dieser Ruhe möchte man sich nicht gern aufschrecken lassen; Störungen sind unerwünscht und ernsthafte Außenbeziehungen nicht vorgesehen; ein osmotischer Austausch findet nicht statt. – Das ist, bei aller Akkuratesse, ein Zustand unmittelbar vor der Erstarrung, der Moment, kurz bevor auch noch der letzte Funke von Lebendigkeit zu verglühen droht.

Will man das verhindern, und das wäre ja wohl geboten, sind – als Sofortmaßnahmen – erst einmal die Grenzanlagen abzubauen und die Schotten zu öffnen, damit frische Luft einströmen und den Mief verdrängen kann. Nachdem derart aufgeklart ist, kommt einem vielleicht auch wieder zu Bewusstsein, dass die Provinzen Teile eines Ganzen sind und nur als Ganzes, miteinander, überlebensfähig sein werden. Um diese erste Ahnung, diesen Verdacht zu überprüfen, bietet es sich an, sich auf Distanz zu begeben. In Manager-Seminaren der achtziger Jahre nannte man eine solche strategische Distanzierung sinnfällig »Helicopter-Verfahren«. Man hebt von der Realität des Tagesgeschäfts ab und bleibt oberhalb des Geschehens stehen, wie ein Hubschrauber in der Luft, um einen Überblick zu gewinnen, um zu sehen, was jenseits des Tellerrandes geschieht und wie das, was dort außerhalb geschieht, auf den eigenen, vermeintlich abgeschlossenen Mikrokosmos einwirkt.

Derart das Ganze in den Blick nehmend, kann man leicht erkennen, wie sehr das, was auch ich hier in den vorangegangenen Kapiteln getrennt behandelt habe, zusammengehört und zusammengedacht werden muss. Wenn nicht in anderer Hinsicht schon so viel von Netzwerken die Rede gewesen wäre, würde ich jetzt von Vernetzung sprechen und von vernetztem Denken; das verkneife ich mir an dieser Stelle nun aber aus Gründen der sprachlichen Hygiene. Ich könnte stattdessen das »Allradantrieb- oder Margerite-Modell« variieren, das ich in meinem letzten Buch als eine den gegenwärtigen, durch Wandel gekennzeichneten Umständen angemessene Form der Arbeitsorganisation beschrieben habe. Ich glaube aber, dass im Falle der Bildung gar keine Metapher nötig ist.

Es sollte doch unmittelbar einsichtig sein, dass Familien, Schulen, Hochschulen und Berufsausbildungsstätten zusammenwirken müssen, schon um ihrem je eigenen Bildungsanspruch und erst recht um den an sie gestellten Erwartungen zu genügen. Die durchaus differenzierten Aufgaben dieser doch wohl durch ein gemeinsames Ziel – die Jugend zukunftsfähig zu machen – geeinten »Bildungsinstitute« greifen ineinander und bauen aufeinander auf. Während das »Allgemeine« – also grundlegende Fertigkeiten und Wissensaneignungstechniken, Persönlichkeitsentwicklung, Selbstbewusstsein, Werteorientierung, Urteils- und Kritikfähigkeit, Neugier und Offenheit etc. – sozusagen eher in den Zuständigkeitsbereich von Familie und Schule gehört, nimmt der Anteil des »Besonderen« – Zweckorientierung, Fachkenntnisse, Anpassungs- und Wettbewerbsfähigkeit, Qualifikation – im Fortgang des Bildungsprozesses stetig zu und erreicht in der Berufsausbildung dann sicher sein größtes Ausmaß. Alle spezielleren Kenntnisse und Fertigkeiten jedoch müssen sich auf jenem allgemeinen, Orientierung und Zusammenhang erst stiftenden Fundament gründen, soll ein verantwortlicher, und das heißt auch: vorausschauender Umgang mit dem angeeigneten Wissen möglich sein.

Bildung ist das Produkt der Geschichte wie der gegenwärtigen Befindlichkeit einer Gesellschaft und entscheidend für ihre Zukunft. Das heißt, alle an der Bildung Beteiligten – und wer wäre das nicht? – sollten zumindest eine Ahnung von den möglichen Zukünften haben, sie müssen sich, im Grunde wie ein Don Quijote, weigern, die gegenwärtige Situation als die einzig mögliche hinzunehmen. Zugegeben, eine solche Vorausschau ist heute aufgrund der Beschleunigung aller gesellschaftlichen und ökonomischen Prozesse schwieriger denn je: Einem Kutscher genügte nachts das Licht einer Laterne, um sicher ans Ziel zu gelangen; der Fahrer eines Autos indessen, will er nicht im Graben landen, muss bei Dunkelheit die Scheinwerfer einschalten, um, seiner höheren Geschwindigkeit entsprechend, viel weiter vorausblicken zu können. Noch 1993, kurz bevor ich die Automobilindustrie verließ, war auf keiner Vorstandssitzung des VW-Konzerns beispielsweise vom Internet auch nur die Rede; soweit ich mich erinnere, kam selbst das Wort nicht ein einziges Mal vor. Heute, gerade einmal acht Jahre später, gibt es bereits mehr Web-Firmen-Schließungen als -Eröffnungen und ziehen sich auch die ersten Großkonzerne wieder aus dem Internet-Geschäft zurück. Eine derartige Rasanz ist natürlich äußerst schwer zu antizipieren.

Dennoch: Wollen wir keine Bruchlandung erleiden, müssen wir die Zukunft mittel- und langfristig in den Blick zu nehmen versuchen und die Kinder und Jugendlichen von heute, durch deren Taten die Geschichte des 21. Jahrhunderts geschrieben werden wird, für die grundlegenden Herausforderungen sensibilisieren, denen wir uns schon gegenwärtig gegenübersehen, die aber künftig noch viel mächtiger werden dürften. Und das Wichtigste, was ihnen helfen wird, diesen Herausforderungen gewachsen zu sein, ist nicht etwa Wissen – das kann jederzeit verfügbar gemacht und abgerufen werden –, sondern Bildung, das heißt die Fähigkeit, sich das vorhandene Wissen nutzbar zu machen, es zu beurteilen, zu verstehen, anzuwenden und dadurch am Ende neues Wissen hervorzubringen. Dass dies nötig sein wird, kann ein Blick auf die bevorstehenden Herausforderungen verdeutlichen, von denen ich die in meinen Augen grundlegendsten noch einmal kurz benennen möchte.

Die *erste* große Herausforderung ist die Beschleunigung des wissenschaftlichen und technischen Fortschritts. Diesen Prozess lediglich hinzunehmen und die erzieherisch-pädagogische Verantwortung darauf zu beschränken, die Kinder mit der jeweils nächsten Kenntnis- und Gerätegeneration vertraut, sie also tempofähig zu machen, ist geradezu eine Absage an die Bildung. Denn die Beschleunigung führt nicht etwa nur dazu, dass sich die Kluft zwischen den Generationen stetig verbreitert (die Zeiten, da die Welt der Enkelkinder mit derjenigen ihrer Großeltern noch weitgehend identisch war, sind endgültig vorüber) und dass die Anforderungen an die Anpassungsfähigkeit des Einzelnen immer größer werden; der rasante Fortschritt stellt uns vor allem auch vor weitreichende Entscheidungen, die wegen ihrer Tragweite zu einem öffentlichen Anliegen werden müssten. Schon heute sind wir beispielsweise mit dem Entschlüsseln des genetischen Codes und den sich daraus ergebenden gentechnischen Möglichkeiten an einen Punkt gelangt, der uns über die Zweckbestimmung der Wissenschaft, die kein Selbstzweck sein darf, neu nachdenken lassen muss – und zwar aus einer durchaus wertsetzenden, ethischen Perspektive, denn Wissenschaft ohne Gewissen, das wusste schon François Rabelais Anfang des 16. Jahrhunderts, führt zum Ruin der Seele; und zu solchem Wissen ohne Gewissen kommt es, davon bin ich überzeugt, durch eine Ausbildung ohne Bildung.

Die *zweite* Herausforderung hat mit der so genannten Globalisierung zu tun, die scheinbar eigenmächtig ist und deren Maßlosigkeit wir allzu leichtfertig zu akzeptieren bereit sind. Die nächsten Generationen lediglich instand zu setzen, mit den jeweils herrschenden Bedingungen zurechtzukommen, wäre geradezu ein Verzicht auf Bildung. Denn niemand außer uns selbst kann dem Globalisierungsprozess Maß geben, ihm Grenzen setzen. Und das ist notwendig, wollen wir uns nicht dem »Terror« der Gegenwart und der Ökonomie ergeben. Dem kurzfristigen, betriebswirtschaftlich eingeschränkten und insofern konsequenten Profitdenken sind doch beispielsweise kulturelle oder ökologische Aspekte vollkommen gleichgültig (man denke etwa an die Rinderseuche BSE). Das ruft schon heute, außer medizinischen Symptomen, regionalistische und nationalistische Reaktionen hervor, die uns zur Vernunft bringen und zur Skepsis mahnen sollten. Letzten Endes gibt es ohnehin nichts Globalisierteres als eine gute Bildung.

Eine *dritte* Herausforderung stellen die neuen und sich ständig erneuernden Informationstechnologien dar, die unsere Vorstellungen von Raum und Zeit zu verändern und die Grenzen zwischen realer und virtueller Welt zu verwischen drohen. Viele Jugendliche kennen schon heute kaum noch den Unterschied zwischen einem Dokumentar- und einem Spielfilm, geschweige denn zwischen Information und Wissen. Die Illusion von einer grenzenlosen Kommunikation via Internet und der trügerische Glaube, all die im World Wide Web gespeicherten Daten, die ja überall und jederzeit abrufbar sind, würden sich auf geheimnisvolle Weise zu einer Art »Weltwissen« fügen, lassen die eigenen substanziellen Fähigkeiten verkümmern: das Gespräch, Wissen, Verstehen, Urteilen. Ein sinnvoller Bildungsauftrag kann deshalb nicht darin bestehen, diesen trügerischen Glauben auch noch zu verfestigen, indem man ihn bildungspolitisch quasi zur offiziellen Lehre erklärt und es zum pädagogischen Programm erhebt, die zu Bildenden mit der technischen Handhabung und den Möglichkeiten der neuen Medien vertraut zu machen. Anstatt allen Schülern einen

Zugang zum Internet zu garantieren, sollte man sie zu Distanz und Skepsis anhalten, ohne dabei den Computer als mögliches, aber nur eingeschränkt nützliches »Unterrichtsmittel« gleich zu verteufeln.

Eine *vierte* Herausforderung schließlich sehe ich im Anstieg der Ungleichheit zwischen den reichen und den armen Ländern sowie in einer zunehmenden sozialen Zerklüftung innerhalb der reichen Länder. Gerade diese Entwicklung wird von »interessierten Kreisen« nach wie vor gern bestritten, erst kürzlich wieder von einem führenden deutschen Bankier, ist aber so erdrückend dokumentiert, dass jedes Leugnen nur noch zynisch zu nennen ist. Um nur eine vergleichsweise harmlose Maßzahl zu nennen, die den Trend belegen kann: Zu Beginn des industriellen Kapitalismus, um 1820, bewegten sich die Unterschiede im Einkommensniveau zwischen den fünf reichsten und fünf ärmsten Ländern der Erde noch im Verhältnis eins zu drei, heute beträgt dieses Verhältnis eins zu dreißig; und in diesen ärmsten Ländern, das muss dazugesagt werden, lebt die Hälfte der Menschheit. Nein, auch wenn wir noch keine bessere Alternative kennen, kommen wir nicht umhin anzuerkennen, dass wirtschaftliches Wachstum, wie es zum Maß aller Dinge gemacht wird, immer ein kreativer Zerstörungsprozess ist und bleibt, an dessen Rändern Verlierer, Ausgestoßene, Ausgeschlossene zurückbleiben, und dies umso mehr, je löchriger das herkömmliche solidarische Beziehungsnetz wird. So wichtig es deshalb ist, die Jugend – noch nicht die Kinder – auf den wirtschaftlichen Wettbewerb vorzubereiten und ihr den Geist der Initiative einzuhauchen, so wesentlich wird es sein, ihr künftig in viel stärkerem Maße auch die Fähigkeit zu Kooperation, Solidarität und Verantwortung zu vermitteln.

An diesen Herausforderungen zu wachsen, um ihnen am Ende hoffentlich gewachsen zu sein, wird uns, davon bin ich überzeugt, nur gelingen, wenn wir die Erziehung und ihre Methoden sowie die Pädagogik und deren Programme neu überdenken. Denn die Leistungsfähigkeit einer Organisation wie einer Gesellschaft ist stets abhängig von der Leistungsfähigkeit aller ihrer einzelnen Mitglieder – nicht nur der so genannten Eliten. Es ist deshalb vordringlich, ein neues Ensemble von Wissen und Können, von Kompetenzen, Geisteshaltungen und Verhaltensweisen zu definieren, wie es für die Gestaltung der Welt von morgen unerlässlich sein wird. Die Anpassungsfähigkeit, von der ich häufig gesprochen habe, ist immer beides: die Fähigkeit, sich gewandelten Bedingungen anzupassen, sowie die Fähigkeit und der Mut, die Bedingungen den eigenen Vorstellungen anzupassen.

Noch aber hängen wir einigermaßen hilflos zwischen einem aus dem 19. Jahrhundert stammenden Bildungssystem, das eigentlich in die pädagogische Mottenkiste gehörte, und einer Berufswelt, die längst im 21. Jahrhundert angekommen ist und sich mit unverminderter Geschwindigkeit weiterbewegt. Die pädagogischen Programme sind überfrachtet mit Sachwissen, dessen Bedeutung in der so genannten Informationsgesellschaft immer fragwürdiger wird. Und während die Grenzen zwischen den verschiedenen Fachgebieten, zwischen den Berufen und zwischen einstmals getrennten Lebensbereichen – etwa zwischen Lernen und Arbeiten – zusehends verwischen, zieht die überkommene Bildungsmaschinerie scheinbar unbeeindruckt ihre Bahn und reagiert auf die viel beschworene »Wissensexplosion« allenfalls mit einer »Produktionserhöhung«, also mit einer abermaligen Vermehrung des ohnehin schon zu üppigen Wissensstoffes.

Auf die Idee, dass weniger Wissen mehr sein könnte, bessere Bildung wäre, kommen die im Bildungsbereich Tätigen nur selten, weil sie reflexartig fürchten, ihre Bestände, ihre Etats, ihr Status quo eben, könnten in Gefahr geraten. Da heißt es: Standhalten! Und vielen anderen, die durch die rhetorischen Nebelkerzen von der Wissensgesellschaft vielleicht ein wenig die Orientierung verloren haben, mag die Idee sogar paradox vorkommen: Lesen und hören wir nicht allenthalben, dass Wissen der wichtigste Rohstoff der Zukunft sei und dass wir lebenslang lernen müssen, nicht zuletzt auch deshalb, weil das vorhandene Wissen immer schneller veraltet beziehungsweise sich in immer kürzeren Abständen verdoppelt? Müssen wir unsere Anstrengungen deshalb nicht vervielfachen, um fit für die New Economy zu werden? Und nun kommt der Goeudevert daher und sagt, wir wären gebildeter, wenn wir weniger wüssten?

Nein, dieser Umkehrschluss ist nicht zulässig. Wer so folgert, ist bereits der Denkweise der pädagogischen Einfaltspinsel aufgesessen, die die Bildung mit einem Füllvorgang verwechseln. Aber das ist Quatsch; in die größten Flaschen wird immer am meisten reinpassen, und an die »Gebildetheit« eines Universallexikons könnte danach nie jemand heranreichen. Deshalb noch einmal: Qualität ist nicht quantifizierbar, Bildung und Wissen sind nicht identisch, so wenig wie Wissen und auswendig gelernte, gedruckte oder gespeicherte Daten. Der Gebildete wird stets mehr wissen als der Ungebildete, und zwar unabhängig davon, wem von beiden mehr und wem weniger Wissensstoff verabreicht wurde, weil er sich die ihm zugänglichen Informationen aneignet, sie nicht bloß speichert, sondern ordnet, organisiert, prüft, beurteilt. Wissen ist im Unterschied zur Information nichtlinear und mehrdimensional, es entsteht erst in der systemischen Verknüpfung von Fakten im Denkprozess. Wer diesen Unterschied verkennt oder missachtet, reduziert sich im Grunde selbst zu einem Datenträger mit Sprach-Chip – beides installiert in einem völlig veralteten und denkbar störanfälligen Gehäuse.

Gerade weil es immer mehr Daten, Informationen und Kenntnisse gibt, ist die neue Informationstechnologie ja auch durchaus ein Segen; sie wird aber zum Fluch, sobald die eben angesprochene Differenz aufgehoben wird. Wir würden dadurch nicht die Maschine immer menschlicher machen, das ist unmöglich, sondern selbst maschinenähnlich werden, das ist möglich. Dann aber werden die Datenwellen über uns hereinbrechen und sich zu einem Meer auftürmen, in dem wir völlig orientierungslos, weil ohne jedes Navigationsmittel, herumdümpeln – ohne Aussicht auf Rettung. Nach welchen Sternen sollten wir uns strecken, wenn wir keinen Boden unter uns haben? Vielleicht bekommen wir hin und wieder ein Surfbrett unter die Füße. Aber wohin sollten wir schon surfen? Wer sollte uns eine Richtung geben oder gar ein Ziel setzen? Alles wäre eins, einerlei und gleich gültig.

Nun gut, ich breche hier lieber ab, bevor ich in einen

Titanic-Schwulst verfalle und ein dramatisches Unter-
gangsszenario entwerfe. Nicht nur, dass ich ja eigentlich
etwas ganz anderes vorhatte und immer noch vorhabe,
es wäre auch unangebracht. Denn, um beim Bild der
Titanic zu bleiben, noch haben wir den Eisberg nicht
gerammt, wir fahren zwar geradewegs darauf zu, aber
er ist noch um einiges voraus, und wir können ihn sehen
– wenn wir nach vorn blicken.

Ich möchte deshalb, wie schon einmal angekündigt,
in einem letzten Schritt möglichst konkrete Maßnahmen
und präzise Kurskorrekturen vorschlagen, wie unser Bildungssystem vor der Havarie zu bewahren ist.

Ein Manifest

*Ich kann jene nicht verstehen, die sich vor
neuen Ideen fürchten. Es sind die alten
Ideen, die mir Angst machen.*

JOHN CAGE

Was wir gemeinhin »Bildung« nennen, ist meistens gar
keine oder reduziert das, was Bildung ist beziehungsweise sein sollte, auf einen ihrer Teilaspekte. Von Geburt
an, in der Familie, in Schule und Hochschule, in der
Berufsausbildung und im Beruf, kann sich Bildung ereignen; sie stellt sich aber nicht von allein ein, kann weder
verabreicht noch eingenommen werden, sondern ist
immer Resultat einer Austauschbeziehung: zwischen mir
und meiner Umwelt, zwischen Theorie und Praxis, Vernunft und Gefühl sowie vor allem zwischen mir und
anderen Menschen. Das leider mehr und mehr zur Kommunikation verkommende Gespräch wäre für eine solche Austauschbeziehung das beste Beispiel.

Die erste, zugegeben, noch sehr abstrakte Folgerung
bestünde deshalb darin, auf allen Stufen der heute praktizierten Bildung – Erziehung, Schule, Studium, Qualifikation – eine dialogischere, offenere Atmosphäre zu
schaffen, und zwar sowohl innerhalb der einzelnen Bildungsregionen als auch zwischen ihnen. Eine solche
Atmosphäre kann nur unter der Voraussetzung größtmöglicher Freiheit und größtmöglicher Verantwortung

entstehen, wobei ich hier mit »Verantwortung« gerade keine falschen Teilverantwortlichkeiten meine – »Ich bin für mein Fach zuständig, und fertig!« –, sondern, pathetisch gesprochen, die Verantwortung für unsere Kinder und Enkel. Und diese Verantwortung ist sowenig teilbar wie die Liebe. Ich kann nicht sagen: »Ich bin von acht bis zwölf Uhr verantwortlich, und was danach geschieht, ist mir egal.« Oder: »Ich bin ab zwölf Uhr verantwortlich, und was in der Schule geschieht, ist mir egal.« Oder: »Ich bin bis zur dreizehnten Klasse verantwortlich, und was aus denen, für die ich bis dahin verantwortlich bin, weiterhin wird, ist mir schnuppe.«

Aber genau so oder so ähnlich verhält es sich leider. Wir haben die Bildung bürokratisch zergliedert und versachbearbeitet. Jeder hat seinen kleinen Schalter, seinen klar umgrenzten Zuständigkeitsbereich, mehr geht nicht. Und wenn alle nur ordentlich ihren Dienst tun, wird das Ganze am Ende auch funktionieren – wie eine Maschine eben. Sollte es einmal nicht funktionieren, dann hat wohl jemand gepfuscht – jemand anderes selbstverständlich –, dann muss man nur diese »Störung« beheben, und schon läuft's wieder. Aber nichts läuft. Ein derart mechanistisch organisierter Betrieb kann nicht laufen, allenfalls leer laufen.

Diese Lektion, wie sie den Bildungsinstitutionen noch bevorsteht, hat die Wirtschaft übrigens schon längst gelernt. Als ich in der Automobilindustrie anfing, gab es praktisch für jeden Handgriff noch einen selbständig arbeitenden Spezialisten: Karosseriebau, Motorenbau, Innenausstattung, Achsenbau, Bremstechnik, und so weiter. Jeder werkelte vor sich hin, und für mich grenzte es fast an ein Wunder, dass am Ende, wenn alle Teile zusammengefügt waren, ein funktionsfähiges Auto auf dem Werkhof stand. Meistens jedenfalls. Denn tatsächlich waren die Reibungs- und Effizienzverluste enorm. Inzwischen wird die Arbeit sehr viel konsequenter vom Gesamtprodukt, vom gemeinsamen Ziel her organisiert, arbeiten also alle Spezialisten, die es selbstverständlich weiterhin gibt, von Anfang an zusammen.

Ich wende mich also keineswegs gegen Arbeitsteilung, die natürlich notwendig und segensreich ist. Aber wenn ich, um aus eigener Erfahrung zu berichten, als Deutschlehrer vor einer französischen Klasse stehe und weder etwas über die Kinder weiß, die dort vor mir sitzen, noch mich dafür interessiere, wie meine Kollegen mit denselben Kindern in den anderen Fächern arbeiten, dann wird sich in meinem Unterricht eben keine Bildung ereignen, weil keine Austauschbeziehung entstehen kann. Und damit meine ich durchaus nicht, dass alle ständig nach gutem alten Sozialarbeiter-Klischee aufeinander »eingehen« müssten, sich jeder immer für alles zu interessieren hätte. Nein, die Verantwortung, die ich meine, ist kein schwerer Dienst, sie verpflichtet lediglich dazu, sich den Blick für das Ganze zu bewahren, um jederzeit ein Gespräch aufnehmen zu können.

Damit wäre der Rahmen abgesteckt, innerhalb dessen ich meine tastenden Vorschläge, wie ich sie im Folgenden auflisten werde, verortet sehen möchte. Viele Vorstellungen greifen eng ineinander, ohne dass ich jedes Mal auf die besonderen Wechselwirkungen aufmerksam machen kann. Ich werde mir stattdessen Mühe geben, nun, zum Ende hin, nicht mehr abzuschweifen, sondern so knapp und klar, wie es mir möglich ist, zu formulieren. Aus Gründen der Einfachheit und der Übersichtlichkeit werde ich der Dramaturgie meiner Reise folgen und den Weg von der Familie bis zur Berufsausbildung noch einmal zurücklegen – allerdings bei nun geöffneten Grenzen.

A) FAMILIE

In diesem Bereich ist höchste Zurückhaltung gefordert. Jede Einflussnahme, jeder Regulierungsversuch von außen, schon gar von Seiten des Staates, kann hier von Schaden sein. Dennoch ist und bleibt die Erziehung von Kindern nicht nur ein privates, sondern auch ein öffentliches Anliegen. Die Familien, in dem von mir oben beschriebenen Sinne, sollten deshalb stärker als bisher gefördert und durch vielerlei Betreuungs- und Beratungsangebote unterstützt werden.

Zwar steht es mir nicht zu, Eltern und Betreuungspersonen Ratschläge zu erteilen. Dennoch möchte ich hier zumindest noch einmal auf zwei in meinen Augen wesentliche Aspekte hinweisen.

1. Erziehung besteht im Widerstand gegen die zeitgenössische »Kultur«, in der kritischen Auseinandersetzung mit ihr; die möglichst gute Anpassung der Kinder an das, was ist, wäre keine Bildung, sondern Zurichtung, Abrichtung, Verfügbarmachung.

2. Eltern sollten die Grenzen zwischen den Bildungsregionen nicht akzeptieren; sie sind und bleiben zuständig, egal wo sich ihre Kinder befinden. Entsprechend

sollten sie den Anspruch haben und Möglichkeiten erhalten, stärker als bisher vor allem auf die Schulen Einfluss zu nehmen, um die Inhalte und Methoden des Lernens mitzugestalten.

B) SCHULE

Hier wäre so viel zu ändern – Organisation, Dienstrecht, Unterricht, Leistungsbewertung, Lehrplan –, dass man den Mut verlieren möchte. Ich kann deshalb keinen vollständigen Maßnahmenkatalog vorlegen, sondern muss mich auf einzelne Vorschläge beschränken, wie sie sich aus meinen Reisebeobachtungen und all dem, was ich bis hierher notiert habe, ableiten lassen.

Ich denke jedoch, dass sich vieles beinahe wie von selbst ergeben, dass die Schule eben eine lernende Institution werden wird, sobald man mit einer entschiedenen Umgestaltung erst einmal begonnen hat. Zum Beispiel mit:

1. Mehr Autonomie, weniger Vorgaben; mehr Flexibilität, weniger Standardisierung. Dies wäre die wichtigste Voraussetzung, um die bisherigen Insassen jeder einzelnen Schule wieder denk- und handlungsfähig zu machen. Und hierfür ist es notwendig, die Schulen aus der bildungsbürokratischen und planwirtschaftlichen Umklammerung zu befreien. Die inhaltlichen (Lehrplan) und organisatorischen Auflagen (von der Personalplanung über die Didaktik bis zur Leistungsbewertung) sind auf ein Minimum zu beschränken und sollen lediglich den Rahmen abstecken, innerhalb dessen die vor Ort Beteiligten – im Zusammenwirken mit Eltern, Vereinen, Betrieben – den Schulalltag eigen-

verantwortlich gestalten. Nur so besteht die Chance, dass sich eine neue Lernkultur entfaltet, in der Wissen entsteht. Ob man dies nun so organisiert wie in den USA, wo es bereits in 37 Bundesstaaten so genannte Charter-Schulen gibt, mit einem eigenen, staatlich unabhängigen Management, das – innerhalb eines staatlich vorgegebenen Rahmens – gemeinsam mit Eltern und Lehrern die Inhalte bestimmt und den Etat verwaltet, oder ob man andere, eigene Organisationsformen zu entwickeln hätte, kann und will ich hier nicht entscheiden – weil es für mich auch nicht die entscheidende Frage darstellt. Wichtig ist, dass die Verantwortung künftig viel stärker bei den einzelnen Schulen selbst liegt, und um verantwortlich agieren zu können, ist Autonomie unabdingbar.

2. Mehr Gespräch, weniger Unterricht; mehr gemeinsames Handeln, weniger Wettbewerb. Dies wären bereits Merkmale einer neuen Lernkultur, die auf Vielfalt, Beweglichkeit und Prozessorientierung beruht und die weitere Konsequenzen nach sich zieht:

   – Zumindest in der Grundschule, das heißt in den ersten vier bis sechs Schuljahren, werden die Zensuren abgeschafft;

   – der Frontalunterricht tritt gegenüber der selbständig organisierten Gruppenarbeit stark in den Hintergrund und bleibt auf wenige Themeneinführungsstunden beschränkt;

   – auch der 45-Minuten-Takt wird abgeschafft und durch ein neues Zeitmanagement ersetzt, wonach Schüler und Lehrer einen vorgegebenen Zeitetat eigenverantwortlich verwalten;

– das Lernen findet nicht mehr nur im Klassenraum und im Klassenverband statt, sondern an verschiedenen Lernorten und in unterschiedlichen Gruppen, die sich projektbezogen zusammenfinden. Solche Projekte entwickeln sich durch wechselnde Partnerschaften mit Eltern, Vereinen, Betrieben etc.;

– eine Computerisierung der Schulen findet zwar statt, hat aber weiter keine Konsequenzen auf den Lernalltag, weil Lehrer und Schüler die neuen Medien nicht systematisch, sondern nur punktuell einsetzen, etwa wenn es projektbezogen sinnvoll erscheint.

3. Fremdsprachenkenntnisse müssen vom Beginn der institutionalisierten Erziehung an gefördert werden. Möglichst schon im Kindergarten, spätestens aber ab der ersten Klasse soll Englisch auf der Tagesordnung stehen, und zwar als »Gesprächslernen«, nicht in der allseits unbeliebten Unterrichtsform, mit der die Schüler bis heute gequält werden. Idealerweise sollte dieser »Gesprächsunterricht« von Muttersprachlern geleitet werden, da sich die Kinder eine Sprache – und eben auch eine Fremdsprache – nicht über den Verstand, sondern über das Gehör aneignen.

C) HOCHSCHULE

Bei den Universitäten ist die Ausgangslage, wie beschrieben, eine etwas andere. Hier mag sich unter glücklichen Umständen sehr viel Bildung ereignen, weil die Eigenverantwortlichkeit zumindest der Studenten vergleichsweise hoch ist. Dafür wird ein anderer Aspekt, der Teil des Hochschulauftrags ist und in diesem Stadium der Bildung immer wichtiger wird, sträflich vernachlässigt: die Ausbildung.

Wir müssten also, um es bildlich auszudrücken, den Elfenbeinturm abtragen und die Hochschulen tiefer legen, indem wir die akademische Lehre auf mehrere Gebäude unterschiedlicher Geschosshöhe zersiedeln.

1. Siehe »Schule«, Punkt 1, der hier fast wortgleich übernommen werden könnte. Auch die Hochschulen sollten sich in vielen Bereichen unabhängig und eigenverantwortlich organisieren. Der Bürokratisierungsgrad ist hier sogar noch höher als in der Schule, weil sich der »Apparat« noch einmal in zahllose Fachbereichsverwaltungen mit je eigenen Studien- und Prüfungsordnungen zergliedert.

2. Das Studienangebot ist stark auszudifferenzieren; es muss nachfrage- und bedarfsorientierter ausgerichtet werden. Und das ist kein Angriff auf die Freiheit von Forschung und Lehre seitens eines gefräßigen Marktes, sondern schlicht eine Vermehrung der Wahlmöglichkeiten – selbst auf die Gefahr hin, dass dann viele von den Hochschulangestellten bevorzugten Angebote nicht mehr wahrgenommen werden. Da die Mehrzahl der Studenten nicht in der Wissenschaft tätig werden wird, ist der Praxisbezug des Studiums – optional – stärker zu akzentuieren und die Studiendauer zu verkürzen. Hierfür wäre es nicht nur sinnvoll, sondern erforderlich, vielfältige Kooperationen mit der Wirtschaft einzugehen – beispielsweise in der Form, wie ich es oben anhand des »Campus«-Modells skizziert habe; das könnte, nebenbei bemerkt, auch einige Finanzierungsprobleme lösen.

3. Finanzierungslücken ließen sich ebenfalls dadurch schließen, dass die Universitäten – eine autonome Mittelverwaltung vorausgesetzt – das in ihnen versammelte Know-how systematisch zu Weiterbildungszwecken verfügbar machten. Hier wächst ein großer Markt, und die Hochschulen drohen den Anschluss zu verpassen. Das wäre auch aus anderen Gründen äußerst nachteilig, weil gerade der Weiterbildungsbereich große osmotische Qualitäten hat: Die Universitäten zögen unmittelbar Nutzen aus der Wirtschaft und würden an den sich in der Arbeitswelt vollziehenden Veränderungen durchaus mitgestaltend partizipieren. Dass eine solche Partizipation auch die akademische Lehre befruchten wird, steht für mich außer Zweifel.

4. Es müssen verstärkt internationale Studiengänge eingerichtet werden, deren Absolventen am Ende aber nicht nur smart und kenntnisreich, sondern auch interkulturell gebildet sein sollten. Voraussetzung hierfür wären international vergleichbare oder sogar einheitliche Studienordnungen und -abschlüsse. Zwar weist der oben beschriebene Europäische Hochschulverband in die richtige Richtung, am Ende aber müsste doch jede einzelne Hochschule in der Europäischen Union eine Europauniversität sein. In letzter Konsequenz gibt es deshalb für mich zu einem einheitlichen europäischen Bildungssystem – von Kindergarten und Schule über Hochschule bis zur Berufsausbildung – keine sinnvolle Alternative.

D) BERUFSAUSBILDUNG

In diesem klassischen Ausbildungsbereich sind sicher die auf den ersten Blick radikalsten Veränderungen erforderlich. Hier dürfte aber auch die Einsicht am fortgeschrittensten sein, weil die Antiquiertheit des überkommenen Systems nicht mehr zu übersehen und unmittelbar spürbar ist: Auszubildende fühlen sich schon heute schlecht vorbereitet und Arbeitgeber finden schon gegenwärtig keine sofort einsatzfähigen Mitarbeiter mehr.

Dabei ist es nicht der Theorie-Praxis-Charakter des bislang so erfolgreichen dualen Systems, an dem die Ausbildung krankt, sondern die Unfähigkeit des starren »Systems«, sich dem rasant verändernden gesellschaftlichen und wirtschaftlichen Umfeld anzupassen. Das Duale in der Ausbildung muss sogar noch stärker und konsequenter akzentuiert werden. Und hierfür wäre die Wirtschaft selbst der beste Garant, während der Staat seine Mitverantwortung auf infrastrukturelle, finanzielle und rahmensetzende Maßnahmen beschränken sollte.

1. Das herkömmliche System der mehrjährigen dualen Berufsausbildung – Praxis im Betrieb, Theorie in der Berufsschule – ist abzuschaffen und zu ersetzen durch einen Verbund von Berufsakademien, in denen eine konzentrierte duale, eigentlich mehrdimensionale Ausbildung stattfindet, deren Kriterien in starkem Maße durch die Praxis gesetzt werden.

2. Für die Inhalte, die variable Dauer und den Abschluss der Ausbildung ist die Wirtschaft beziehungsweise sind die betreffenden Branchen der Wirtschaft zustän-

dig, die die Berufsakademien in eigener Verantwortung leiten.

3. »Ausbildungsherr« ist weder ein einzelner Betrieb noch der Staat, sondern die Wirtschaft insgesamt, die auch den größten Anteil der Akademie- und Ausbildungskosten zu übernehmen hat. Denkbar wäre ein gesamtwirtschaftlicher oder mehrere, nach Branchen differenzierte Ausbildungsfonds, die etwa durch umsatz- oder gewinnabhängige – und selbstverständlich abzugsfähige – Einlagen gespeist werden.

E) STAAT

Ein wesentliches Merkmal jeder in meinen Augen Erfolg versprechenden Reform des Bildungssystems und seiner verschiedenen Institute ist also eine deutliche Rücknahme der Staatstätigkeit, eine Entstaatlichung, die aber nicht mit Privatisierung verwechselt werden darf. Bildung in ihrer Gesamtheit muss eine öffentliche Aufgabe bleiben. Insofern darf auch der Staat nicht etwa aus seiner Verantwortung entlassen werden, aber der staatliche, bildungsbürokratische Einfluss muss, je nach Stufe im Bildungssystem in unterschiedlichem Ausmaß, massiv eingeschränkt werden.

Akzeptiert man dies, ist eigentlich auch der Bildungsföderalismus, der die Bildungspolitik hier zu Lande unendlich kompliziert und langsam macht, nicht mehr zu halten. Wenn die Grundüberlegung einer föderalen Organisation der Bildung darin besteht, dass man die Verantwortlichkeiten dezentralisiert, um den Belangen und Bedürfnissen vor Ort stärker Rechnung tragen zu können, dann braucht man diesen richtigen Ansatz nur ein kleines Stück weiterzudenken, um die praktische Verantwortung eben nicht dem Bund, aber auch nicht dem Bundesland, nicht der Stadt, nicht dem Kreis, sondern der Schule oder Universität zu übergeben. Und um den Rahmen zu setzen, brauchen wir keine sechzehn Landesministerien mit all ihren angeschlossenen Behörden und Institutionen. Ein Bundesbildungsministerium sollte hierfür ausreichen.

Denn selbstverständlich bedarf es auch weiterhin einer Gesamtkoordination und -kontrolle, nicht zuletzt, weil die Bildung ein im doppelten Wortsinn teures Gut ist. Wir sollten deshalb nicht an der falschen Stelle sparen, müssen aber Acht geben, dass wir für den hohen Preis auch gute Leistung erhalten beziehungsweise erbringen. Denn es handelt sich, um diese Banalität einmal auszusprechen, nicht um »Staatsknete«; der Staat hat das (Steuer-)Geld seiner Bürger ja sozusagen nur in Kommission. Gerade weil das so ist, sollte die seit Jahren schwelende Finanzierungsdebatte sehr behutsam geführt werden: Über Schulgeld, Studiengebühren, eine Akademikersteuer – also eine Gebühr, die nachträglich und einkommensabhängig, je nach dem Nutzen, den jemand aus seinem Studium gezogen hat, erhoben wird – und andere Beiträge lässt sich sinnvoll erst entscheiden, wenn wir wissen, wofür das Geld aufgebracht werden soll. Und ich habe den Eindruck, dass wir das noch nicht so genau wissen.

Aber noch einmal: Die Bildungsmisere in all ihren Ausformungen und Symptomen ist keine Folge mangelnden Geldes, sondern mangelnden Denkens, unscharfer Begrifflichkeiten, unklarer Zielvorstellungen, bürokratischer Beharrungskräfte und fehlender Osmose – sowohl zwischen den einzelnen Bildungsregionen als auch zwischen dem Bildungssystem insgesamt und dem Rest der wirklichen Welt.

Alles oder nichts

*Die materialistische Lehre von der Veränderung
der Umstände und der Erziehung vergisst, dass die
Umstände von den Menschen verändert und der
Erzieher selbst erzogen werden muss.*

KARL MARX

Wenn man die Probleme erkannt zu haben glaubt und
mögliche Lösungswege erkundet hat, sollte man den
Helikopter wieder landen lassen und seine Eindrücke
beschreiben, um auf dem Boden nicht nur die Sehnsucht
nach einer besseren Bildung zu wecken beziehungsweise
zu verstärken – denn die Sehnsucht ist ja bereits vorhanden –, sondern um anzufangen, um konkrete Maßnahmen einzuleiten. Denn »nicht weil es schwer ist, fan-
gen wir es nicht an«, das wusste schon Seneca, »sondern
weil wir nicht anfangen, ist es schwer«.

Da ich nun niemanden mit Wiederholungen traktie-
ren möchte, indem ich zum Schluss erneut zusammen-
fasse, was ich auf den vorangegangenen Seiten bereits
ausgeführt habe, will ich es hier bei meinem kleinen
Katalog, der ohnehin nur eine Liste mit Beispielmaß-
nahmen sein kann, belassen; er ließe sich natürlich problemlos erweitern und ausdifferenzieren, zumal – wie
schon einmal erwähnt – an Ideen durchaus kein Mangel
herrscht. Bei ihrer Umsetzung muss man sich aber eines
stets vor Augen halten: Jede einzelne, für sich richtige
Maßnahme kann nur dann ihre volle Wirksamkeit ent-

falten, wenn das gesamte Bildungssystem umgestaltet wird. Würden wir »nur« die Schule reformieren, aber Hochschule und Berufausbildung im Wesentlichen so belassen, wie sie sind, würde das System über kurz oder lang in sich zusammenbrechen, weil die »weiterbildenden« Institute sozusagen keine Abnehmer mehr fänden. Die gut vorgebildeten Schulabgänger würden entweder gleich in die Betriebe gehen und sich dort im »Learning-by-doing-Verfahren« ausbilden lassen oder aber auf die internationale Konkurrenz ausweichen, die sich schon heute auf dem deutschen Bildungsmarkt zu etablieren beginnt.

Und das wäre genauso fatal wie unnötig. Denn amerikanische, englische, französische oder australische Bildungsexporteure offerieren zwar zur Zeit in der Tat eine bessere *Ausbildung* als ihre deutschen Konkurrenten, haben aber noch weniger *Bildung* im Angebot als diese und sind deshalb in meinen Augen keine echte Alternative. Wenn es dem Erziehungs- und Bildungswesen in diesem Lande gelänge, das eine, den Ausbildungsbereich, stark zu verbessern, gleichzeitig aber die Priorität des anderen, der Bildung, zu betonen und sowohl methodisch wie praktisch zu akzentuieren, dann würde die »deutsche Bildung«, da bin ich sicher, bald auch zu einem stark nachgefragten Exportgut werden. Aber das wäre nur ein erfreulicher Nebenaspekt.

Denn die Nützlichkeit und Wirtschaftlichkeit von Bildung ist zwar nicht unerheblich, aber sekundär. Gute Bildung nützt immer und überall, sie ist aber nicht zu erlangen, indem man bloß Nützliches lernt. Und gute Bildung hilft nicht nur, den sich vollziehenden Veränderungen gewachsen zu sein, sie ermöglicht es einem vor allem, selbst zu verändern, was man für veränderungsbedürftig hält. Und darum ginge es heute. Bildung hat, im Unterschied zur Gelehrsamkeit, einen unwiderstehlichen Drang zur Praxis, der Gebildete wird, bei allem Zweifel, handeln wollen, er wird einen als schlecht empfundenen Zustand nicht hinnehmen können; er wird die Grenzen des Bestehenden überschreiten, das gebieten seine Skepsis und seine Neugier, ohne sie dabei notwendig sogleich niederzureißen. Das heißt, der Gebildete ist natürlich nicht zwangsläufig so etwas wie ein Revolutionär, er ist lediglich aktiv und wird sich bemühen, das, was er – oder sie selbstverständlich – für richtig hält, auch praktisch werden zu lassen.

Andererseits kann ein Revolutionär durchaus gebildet sein. Ich möchte deshalb, selbst wenn es einem Ex-Manager als extravagant ausgelegt werden sollte und auf manche Leser befremdlich wirken mag, mit Karl Marx enden, der den Unterschied zwischen Bildung und Wissen – übrigens auch den Unterschied zwischen Betriebs- und Volkswirtschaft – noch sehr genau gekannt hat. In der elften seiner so genannten Feuerbach-Thesen hat er den berühmten Satz geprägt: »Die Philosophen haben die Welt nur verschieden *interpretiert*, es kömmt drauf an, sie zu *verändern*.«

Marx hatte Recht, wenn auch nicht unbedingt mit allen Veränderungen, die er dabei konkret im Sinn hatte; aber diesen Satz kann ich bedenkenlos unterschreiben. Und dennoch kommt er einem heute, angesichts all der Veränderungen, denen wir uns selten freiwillig stellen, sondern zumeist unfreiwillig ausgesetzt fühlen, seltsam altmodisch vor, als sei er in »urgemütlichen« Zeiten ausgesprochen worden, die von Stillstand und gelehrter Ruhe gekennzeichnet waren – was sie übrigens durchaus nicht waren. Wie anders ist es heute. Es möchte einem scheinen, wir hätten viel zu wenig Philosophen, als dass wir noch mit einer ausreichenden Anzahl von Erklärungen versorgt werden könnten, die uns verstehen lassen, was sich gegenwärtig so alles im Fluss befindet und warum. Entsprechend ist man geneigt, den Satz umzudrehen und auszurufen: Die Welt verändert sich nur immer schneller, ohne dass wir diese Veränderungen noch mitvollziehen und begreifen können – worauf es aber doch wohl ankäme.

Aber das ist ein Missverständnis, dem man wiederum mit Marx begegnen könnte, wie ich ihn oben im Motto zu diesen Schlussbemerkungen zitiert habe: *Wir* sind es, die die Veränderungen bewirken, als deren passive Spielbälle wir uns fühlen, und *wir selbst* sind es auch, die die Umstände verändern müssen, wenn sie uns nicht oder nicht mehr genehm sind. Wer denn sonst, wenn nicht wir? Auf Erklärungen oder auf ominöse Hilfe von außen zu warten wäre nichts als selbst verschuldete Unmündigkeit und fahrlässige Untätigkeit.

Insofern gilt der Satz noch heute, wenngleich die Philosophen vielleicht keine Philosophen und die Interpretationen keine Interpretationen mehr sind. Das Niveau scheint mir, mangels Bildung, etwas abgesunken zu sein. Wir reden und klagen, setzen aber unser Denken und Sagen immer seltener in Handlung um. Wir könnten uns ja lächerlich machen oder gar scheitern.

Aber wer nur kriecht, kann nicht stolpern, und nur wer stolpert, wird erfahren, was es bedeutet aufzustehen.

Meinem Lektor Rüdiger Dammann bin ich zu besonderem Dank verpflichtet. Er war auf dieser Bildungsreise stets an meiner Seite, hat mich durch alle Tiefen geleitet und aus einigen Untiefen befreit. Ohne ihn wäre dieses Buch sicher nicht entstanden.

Unternehmerische
Spitzenleistungen in Europa
werden angesichts der großen
Konkurrenz aus den USA und
Asien oft übersehen. Robert
Heller präsentiert europäische
Unternehmen, die auf ganz
unterschiedliche Weise
erfolgreich umstrukturiert
wurden – gemeinsam ist ihnen
nicht nur der Wille zur
Erneuerung, sondern auch die
Fähigkeit zu schnellem und
flexiblem Handeln.
Mit zahlreichen Beispielen von
Erfolgsfirmen wie Adidas,
Bosch, Ericsson und Siemens

10 Schlüsselstrategien für
unternehmerischen Erfolg

Robert Heller

**Auf der Suche nach
Spitzenleistungen in Europa**
10 Schlüsselstrategien europäischer Top-Unternehmen

Econ | **ULLSTEIN** | List

In der von Helmut Schmidt
gegründeten Freitags-
gesellschaft nehmen hoch-
rangige Wissenschaftler,
Politiker und Publizisten zu
wichtigen Fragen unserer Zeit
Stellung. Ob Helmut Schmidt
selbst über das »ganz andere
21. Jahrhundert« berichtet,
Ernst-Ludwig Winnacker über
die Gentechnologie oder
Siegfried Lenz über amerikanische Literatur – stets
äußern sich ausgesprochene
Fachleute, die zum Verständnis
einer immer komplizierteren
Welt beitragen wollen.

Helmut Schmidt (Hg.)

Erkundungen
Beiträge zum Verständnis
unserer Welt

Econ | ULLSTEIN | List

»Faul, verstockt und voll
liederlichen Hohns für das
Ganze« saß Thomas Mann
eigenen Aussagen zufolge
seine mäßig erfolgreiche
Schulzeit ab. Thomas Edison
mußte sich als Achtjähriger
von seinem Lehrer als Hohlkopf
beschimpfen lassen, Hermann
Hesse scheiterte am Gymnasium.
Aber läßt sich aus diesen
Geschichten automatisch
ableiten, daß schlechte
Schüler im Leben erfolgreicher
sind als die guten?
Um diese Frage zu
beantworten, lädt Gerhard
Prause zu einer kulturhistori-
schen Entdeckungsreise:
Spüren Sie mit ihm der
Schulkarriere von mehr als
hundert weltberühmten
Personen aus Geschichte
und Gegenwart nach!

*»Prause hat ein Buch vorgelegt,
das... Schätze birgt.«*
Frankfurter Allgemeine
Zeitung

Gerhard Prause

Genies in der Schule
Legenden und Wahrheiten
über den Erfolg im Leben

Econ | ULLSTEIN | List

Den Beruf des Spekulanten bezeichnete Kostolany als den schönsten Beruf der Welt. Mehr als 70 Jahre lang übte er ihn aus – und das mit allergrößtem Erfolg. Denn von Anfang an war ihm klar: Wer an der Börse gewinnen will, muß immer genau das Gegenteil von dem tun, was alle machen. In seinen Büchern erzählt Kostolany Lehrreiches über Gewinn und Verlust und erläutert mit Witz und Scharfsinn alles, was man über die Börse und ihre gnadenlosen, aber logischen Gesetze wissen muß.

Kostolanys drei erfolgreichste Bücher als Sammelband

Der große Kostolany mit zahlreichen Abbildungen

Econ | ULLSTEIN | List